PASTA
GRANNIES

パスタ・グラニーズ
イタリアのおばあちゃんの手打ち生パスタ

ヴィッキー・ベニソン 著

河村耕作 監修

JN113671

本書のレシピの見方
＊大さじ1＝15ml、小さじ1＝5ml
＊バターは特に記述がない場合は有塩のもの、野菜は大中小の表記がない場合は一般的なサイズのものを使用しています。
＊オーブンは指定温度に予熱すること。機種によって温度と焼き時間に差がでるため、使用するオーブンにあわせて調整してください。

INTRODUCTION

はじめに

イタリアでは夜が明けると、漁師は魚を水揚げし、チーズ職人はカード（凝乳）を仕込み、パン職人は生地を窯入れする──。この時間、せわしなく働く人たちが他にもいます。それは、おばあちゃんたち！家族のランチ用にパスタを打っているのです。1日で一番いい時間だと彼女たちは口をそろえていいます。家族に食べ物を供するのは、おばあちゃんたちにとって愛そのもの。今ほど豊かさも選択肢もない時代には、家族そろって食卓を囲むのがもっとも大切な時間でした。そしてパスタは、貴重な食材をおいしくいただくための魔法の食べ物だったのです。

イタリア人にとって、自分のおばあちゃんこそ最高の料理人！ 愛情というスパイスのきいた日曜日のランチを楽しみにしています。おばあちゃんたちは、生地を打つのはお手のもの。地元の伝統的なパスタ2〜3種を、ありあわせの材料で料理してきました。こうした郷土のパスタは、北部山岳地帯のチーズとバターであえたニョッキから、太陽が降り注ぐ南部で定番の、自家製トマトソースであえたツイスト状パスタまで様々。タリアテッレのように、ポピュラーなパスタもあれば、イタリア本土の西に位置するサルデーニャ島の「指の爪」のマッケローニ「マカロネス・デ・ウンジャ」のように、イタリア人でさえ知らないパスタもあります。

多くのおばあちゃんは、オールトと呼ばれる野菜畑をもち、豆や玉ねぎ、ハーブなどを育てています。その方が経済的だからではなく、おいしいから。ルチアおばあちゃん（P.125）の言葉どおり、「素材がよければ、おいしい料理に仕上がる」のです。すぐに食べないものは、ピクルスやオイル漬けにしたり、乾燥させて、新鮮な食材が手に入らない冬に備えます。イタリアの家庭の食料貯蔵庫や地下倉庫は、乾燥唐辛子やパッサータ（トマトピュレ）、ピクルスの瓶詰めでいっぱいです。

料理上手なおばあちゃんの数だけ、パスタのレシピはあります。本書はそうした「おばあちゃんのパスタ」の集大成です。この本の誕生のいきさつは、次のページで紹介しましょう。

「おばあちゃんのパスタ」をめぐる物語

イタリアのおばあちゃんを語る時、マリアおばあちゃんがまっ先に思い浮かびます。

ヴィショラを使ったワインを造っている私は、中部のマルケ州にあるセッラ・デ・コンティ村のワイナリー「カンティーネ・デル・カルディナーレ」を取材に訪れたあと、夕食に招かれました。カルディナーレ家に着いた時分には日は沈み、暑さは心地よくやわらぎ、満月が空を薄紫に染めていました。ポプラの木々が庭を縁取り、オイルランタンが夜空に点々と浮かび、幻想的な趣。テラスの長テーブルの上には、この地の白ブドウ品種ヴェルディッキオから造られたワインが何本も置かれ、温度差でピッチャーの外側に水滴が光っていました。

イギリス人の私がイタリアの家庭に招かれたのは、その時が数回目。この日はカルディナーレ家のおばあちゃんがごちそうを作ってもてなしてくれました。まずは、アンティパストから。ややスパイシーな風味のパルミジャーノ・レッジャーノと若いペコリーノ、チャウースコロ。続くプリモ・ピアット（第1の皿）は、リコッタチーズをたっぷり詰めたラヴィオリを、フレッシュトマトとバジル、青々しい香りのオリーブオイルのシンプルなソースであえたもの。そしてメインディッシュは、ウサギの肉にワイルドフェンネルの葉とにんにくを詰め、白ワインで蒸し焼きにした豪華な料理。プロの料理人のチームではなく、これがたったひとりの仕事だなんて私は信じられませんでした。すると突然、みんなはニコニコしながら人影を指しました。その人物こそ先のマリアおばあちゃんです。彼女は私たちのテーブルにやってきましたが、微笑みながら控えめに挨拶すると、キッチンに戻っていきました。

イタリアに住んでいると、「パスタ愛」に目覚めずにはいられません。お隣の家のワンちゃんは幸せそうにパスタを食べ、顔見知りの電気工は毎日お昼にマンマお手製のパスタを食べ、配管工は実家から遠く離れて作業する時でもマンマの料理を温められるよう、ワゴン車に簡易キッチンを備えています。ふたりとも既婚者だというのに！

私が暮らす、マルケ州のチンゴリは人口わずか1万人の町ですが、生パスタ専門店が2軒もあります。それはイタリアの食文化におけるパスタの地位を物語っています。行きつけのスーパーの店長、アレッサンドロに、この地ならではのパスタ料理について尋ねると、すぐに自分のおばあちゃんを紹介してくれました。彼女の名前もマリア。現在87歳のおばあちゃんです。アレッサンドロの一族は旧市街の、連棟式の石積みの家々に住んでいます。今日でも、多くのイタリア人にとって、「家をでる」とは単に「近所に越す」ことを意味します。

マリアおばあちゃんのこじんまりしたキッチンは、木製パネルが張りめぐらされ、ペンダントライトが吊りさがり、小さな窓がひとつあるだけでした。けれども、ここはマリアおばあちゃんの城。彼女はあわただしく動きまわり、私に冷凍したソフリットを見せてくれました。ソフリ

ットとはセロリや玉ねぎ、にんじんなどをみじん切りにし、オリーブオイルで揚げるように炒めた、イタリア料理の神髄。野菜の旨味が凝縮されたソフリットは、多くの料理のベースや隠し味に使われます。「料理は効率が大事。ソフリットを作る時には、大量に野菜を刻んでいっぺんに仕込んでストックしておくの」と、カッペレッティを詰めたポリ袋を冷凍庫に戻しながら、マリアおばあちゃんはいいました。

この地の伝統パスタと技法について尋ねるのに、マリアおばあちゃんほどぴったりな人はいませんでした。家族のためにずっとパスタを作ってきた彼女は、定年後、チンゴリのとあるレストランのためにパスタを作る仕事をはじめました。水曜日は、午前3時に起きて、週末用のラヴィオリとタリアテッレを仕込みます。パスタ作りを見せてほしいという私の願いを、快く聞き入れ、我が家で実演してくれることになりました。アレッサンドロと奥様のエリザベッタに付き添われ、私の家にはないだろうと、パスタマシンまで持ってきてくれたのです。肩の関節炎のせいで、最近ではめん棒は使わないのだとか。アレッサンドロたちも、このにわかパスタ教室に参加し、私たちは一緒に幸せな数時間を過ごしました。英語とイタリア語のちゃんぽんでやり取りし、通じない時はジェスチャーでしのぎました。アレッサンドロとエリザベッタは助手としてマリアおばあちゃんを手伝い、一方、私は見習いとして、必要なナイフや鍋を探して走りまわりました。マリアお

ばあちゃんが見せてくれた超人的なパスタ作りはさておき、普段とは
まったく違う環境なのに一切動じずに料理をしたのは、さすがの一
言につきます。しかも、服に粉がまったくついていないのです。私た
ち3人は粉まみれだというのに。

マリアおばあちゃんが長年にわたって培ってきた技術だけではなく、
彼女のそれまでの人生をシェアしたようなすばらしい体験でした。そ
して、イタリアの食文化と伝統が、どのように変化してきたかに気づ
きました。数百年にわたり、母から娘に受け継がれてきた料理法は、
現代的なライフスタイルから、家庭では消滅しつつあります。エリザ
ベッタは、他のヨーロッパ諸国の母親と同じように仕事をもち、休日
には子どもたちをダンス教室やサッカーの試合に連れて行きます。
彼女がおばあちゃんになった時、どんな料理を作るのでしょう？ おい
しいマンマの味でしょうが、きっと手作りパスタではないでしょう。

その日のランチがテーブルに並ぶ頃には、ある考えが芽生えました。
手打ち生パスタを取り巻くストーリーを伝えよう！と。私はイタリア各
地をめぐり、家族のために料理をする名もなき女性たちに会おうと決
めました。彼女たちのレシピを集め、各家庭の味わいと、郷土ごと
の味の記憶が失われないよう記録するために。対象の女性は65歳
以上で、プロの料理人ではないことが条件。それは、表舞台に立つ
ことのない女性たちの賛歌でもあります。

私はすぐにこのプロジェクトに取りかかり、おばあちゃん探しをはじ
めました。口コミと、「おばあちゃんハンター」のジャンルーカ・ジョル
ジとリヴィア・デ・ジョヴァンニの助けを借りて。この本は約5年にわ
たる取材の集大成です。郷土パスタのレシピ集でありますが、すば
らしい女性とその家族と友人たちへのオマージュでもあります。

MAKING PASTA BY HAND

手打ち生パスタの作り方

この本に登場するおばあちゃんたちは、材料を正確に量ったりしません。それは、何十年もパスタを作っているため、手や指先が覚えている感触で生地の状態を判断できるからです。はじめて手打ち生パスタに挑戦する私たちには、至難の業でしょう。でも大丈夫！ パスタ作りはもっとおおらかなもの。お菓子よりもうんと簡単です。

本書では、初心者でも作れるように、各レシピでは分量や手順を説明しています。でも、パスタは、パンなど他の生地ほど神経質になる必要はありません。粉や水、卵などの分量が少しぐらい多くても少なくても大丈夫。あなたの内なる「おばあちゃん」にチャンネルをあわせ、手打ち生パスタを楽しんでください！

基本の材料

✣小麦粉

日本では大まかに、たんぱく質（グルテン）の含有量が多いものから、強力粉、中力粉、薄力粉に分類されますが、イタリアでは、品質により、大きく軟質小麦と硬質小麦に分けられます。軟質小麦は、さらに製粉度合いで分類され、精製度が高い（灰分が低い）ほうから「00」「0」「1」といった具合に分類されます。デュラム小麦は硬質小麦で、粗挽きと細挽きに分かれます。

00粉：軟質小麦を極細目に挽いた小麦粉で、たんぱく質の含有量は9〜11%。0粉より灰分量が低く、生地にした時の変色や、変色の変化も遅くなります。卵入りパスタ生地（P.18）の場合、ほとんどのレシピで00粉を使いますが、入手できない場合、強力粉と中力粉を好みで、強力粉6（または5、4）に対して中力粉4（または5、6）といった割合で配合します。はじめは強力粉：中力粉＝1：1で配合し、好みの割合を見つけることをおすすめします。

0粉：00粉より粗く挽いた小麦粉で、たんぱく質の含有量は10〜12%。主にピザやパンを作る時に使います。入手できない場合、00粉同様、強力粉と中力粉を好みで配合して代用してください。

デュラム小麦：軟質小麦とは品種が異なり、粒が硬い硬質小麦。あらゆる小麦の中でもっとも硬いので製粉しづらく、ザラザラとした粗い砂状になります。たんぱく質を他の小麦より約13%多く含みますが、構造は若干、他の硬質小麦とも軟質小麦とも異なり、グルテンが形成されてものびにくいのが特徴です。よって可塑性（かそせい）があって変形させやすいものの、弾力性に乏しい生地になります。けれども、成形した生地は形が保たれ、適切に締まった噛み応えのパスタに仕上がります。デュラム小麦はたいてい、卵の入らない、粉と水だけの生地に使われます。

デュラム小麦は乾燥気候に適するため、イタリア本土の西に位置するサルデーニャ島や、南部のプーリア州やカンパーニャ州などで栽培されています。デュラム小麦の胚乳を製粉したものが、セモリナ粉です。セモリナ粉はさらに、粗挽きと細挽きに分類されます。一般的にパスタ作りには、粗挽きを使用しますが、本書ではおばあちゃんの流儀に沿って、細挽きを使うレシピもあります。

古来種やその他の粉：もちろん他の粉でもパスタは作れます。おばあちゃんたちの中には、古来種など希少な粉や地粉を使う人もいれば、自分で栽培している人もいます。レシピに記された粉の代わりに、こうした粉を使う場合、加える卵や水の配合を適宜、微調整してください。本書では、古来種のエンマー小麦や、ソバ粉を使ったレシピも紹介しています。どんな粉を使うにしても基本は同じ。おいしいパスタ生地を作るには、ただ練習あるのみです！

✣卵

M玉（正味50g）またはL玉（正味60g）の、できればオーガニックの卵を使ってください。卵黄がオレンジ

色の卵を使えば、より黄色い色調の生地に仕上がります。卵黄の色の濃淡は、エサの種類によって変わります。緑の濃い葉野菜や地虫など、エサがバラエティーに富めば富むほど、色はよくなります。レシピに登場する卵1個の卵はM玉です。

その他の材料については250ページにまとめています。パスタ作りをはじめる前に確認しましょう。

基本の道具

♣こね台（のし台）
こね台は、パイン（松）材以外の木製の平板を用意します（作業台やテーブルの上で直接こねてもよいでしょう）。大理石など、多孔質の石製があれば、それを使っても。日本ではうどんやそば作り用のめん台や大きな合板でもよいでしょう。パイン材製はオイル加工されているものが多く、生地にオイルの香りが移ったり、油分が影響するため、またプラスチック製はこね

台が水分を吸収しないため、適していません。加えて、こね台は、他の食品のにおいが生地についてしまうおそれがあるので、お菓子のみ併用OKにすること。

ちなみに、おばあちゃんたちは、しばしばキッチン以外のところで料理しますが、そんな時は、「マイボード」を専用の布バッグに入れて持ち運びます。他の人の台を使って傷つけてしまうのが嫌だからです。そう、おばあちゃんたちはみな、自分の台を絶対に傷つけたくないのです！

イタリアのパスタボードは、裏面にひっかけがあり、テーブルやキッチンカウンターの縁にはめて使用します。台が固定されるので、生地をシート状にのばす時にすべりません。

♣長いめん棒（マッタレッロ）
こね台と同じ木材のものを使いましょう。同じ材質のこね台とめん棒を使うと、生地をシート状にのばす際に、生地の両面が同じ質感に仕上がります。

また、真っすぐなものを選ぶこと。反ったりゆがんだりしていると、生地を均一に平らにのばせません。日本ではうどんやそば、お菓子作り用のめん棒で代用してもよいでしょう。

短いめん棒しかない場合、生地をいくつかに分け、それぞれのばしてください。短いめん棒で大きな生地をのばそうとすると、しわがよったり、厚みが均一ではない生地になってしまいます。

イタリアでは、めん棒の長さは地域によって様々。北東部のエミリア＝ロマーニャ州、中部のウンブリア州やマルケ州では、めん棒の長さは90cmもある一方、同じく中部のトスカーナ州はそこまで長くなく、南へ行くほどにめん棒は短く細くなり、台は縁高になります。というのも、南部では卵入りパスタ生地ではなく、セモリナ粉のパスタ生地（P.20）で、成形するタイプのショートパスタがメインであるため、極薄に生地をのばすことがないからです。

その他の道具については250ページにまとめています。パスタ作りをはじめる前に確認しましょう。

卵入りパスタ生地の作り方

おばあちゃんたちは、卵の数に応じて粉を使います。1人分は卵1個につき、両手いっぱいの粉が目安。それはおよそ100gなので、本書では、卵1個に対して粉100gとしています。多少増えても減っても大差はありません。

Step 1. 材料を量る
基本配合（4人分）
00粉（または強力粉＋中力粉）…400g
卵…4個（正味200g）
パスタをメインディッシュとする場合の配合です。卵は鶏の卵を想定していますが、この配合さえ守れば、カモや七面鳥など別の卵に置き換えてもよいでしょう。たとえば、ヴェリアおばあちゃん（P.218）は、自宅の庭で飼っている七面鳥の卵を使っています。卵のサイズが小さくて分量が足りない場合は、水か卵黄を加えて調整してください。逆にオーバーする場合は、余分な卵白を取り除きます。

Step 2. 材料を混ぜる
ボウルの中で混ぜても、あるいはフードプロセッサーの低速にかけて混ぜてもよいでしょう。
1.粉をこね台に盛り、指先で円を描くようにして中央に直径15cmほどのくぼみを作る。
*卵があふれてしまわないよう、くぼみは広すぎず、土手は浅くなりすぎないように注意しましょう。
2.くぼみに卵を割り入れ、フォークで卵を溶きほぐす（P.19左上＆右上）。
*卵がしっかり混ざっているか確認します。卵黄と卵白がなじみ、どろっとした塊がなく、なめらかな液状ですくいあげて簡単に落ちるようであればOK。
3.くぼみの中央部分から円を描くように、フォークでかき混ぜ、土手の粉を内側から少しずつ崩して卵液の中に落としながら混ぜ、粉と卵をなじませていく。
4.粉と卵がある程度混ざり、土手からこぼれないくらいの濃度になったら、スケッパーで土手の外側の粉をすくい、混ぜた卵と粉の生地にかぶせながら切るように混ぜる（P.19左下）。同様に、残りの粉も混ぜ込んでいく。
5.台に残っている粉を生地でぬぐい、全体に水分が

行き渡るまで軽くあわせ、ひとまとめにする（P.19右下）。
*生地が手や台につかなくなり、ひとつにまとまればOK。生地がべcharacterつくようであれば、粉（大さじ1、分量外）を加えます。生地はこの段階で調整しましょう。
6.こね台にこびりついた余計な粉や生地をスケッパーでこそげ落とし、いったん台をきれいにする。
*おばあちゃんたちは、台についた余分な粉はふるいで漉して再利用します。

Step 3. 生地をこねる
卓上ミキサーでこねてもよく、その場合、フックをつけてこねましょう。
1.こね台と生地に打ち粉（分量外）をし、生地を最低10分はこねる：手を波のように動かすことを意識しながら、手のつけ根で生地を向こう側に押しのばし、指で手前に返すことを繰り返す。生地が丸太のようになったら90度回転させ、半分にたたんで再びこねる。
*手や台に生地がくっつくようであれば、その都度、打ち粉（分量外）をします。打ち粉には基本、レシピで使う粉を用います（おばあちゃんたちの流儀に沿って違う粉を使っているレシピもありますが、セモリナ粉の場合、粗挽きがおすすめです）。また、こねることでグルテンが形成され、コシがでてしなやかな生地になっていきます。パスタの生地にとって乾燥は大敵です。きびきびとしたペースでこねること。こねている間に生地が乾燥してきた場合、手を水で濡らし、生地に水分を加えながらこねます。
2.生地がなめらかになり、表面につやがでればこねあがり。
*生地を親指で押すと、跳ね返ってくるならOK。生地を半分に切り、断面に見える小さな気泡の状態で、こねあがりを判断するおばあちゃんもいます。

Step 4. 生地を休ませる
1.こねあがった生地を丸め、乾燥しないようにラップで包み、室温で30分休ませる。
*グルテンが落ち着き、のばしやすい生地になります。冷蔵庫でひと晩休ませてもよく、その場合、生地は濃い色になりますが味は変わりません。ただし、生地は室温に戻してからのばすこと。また、ラップで包む代わりに、蓋つきのボウルに入れるか、よく絞

った濡れ布きんをかぶせてもOK。布きんを使う場合、生地に香りがつかないよう、芳香性のない洗剤で洗った布きんを使います。

Step 5. 生地をのばす

生地ののばし方は、おばあちゃんの数だけテクニックがあります。強弱をつけてリズミカルにのばす人もいれば、ひたすら全力で取り組む人も。いずれにしても、上腕を酷使するのは確か。北東部のエミリア・ロマーニャ州のおばあちゃんたちは、生地を完璧な円形のシート状にのばせることに誇りをもっています。必ずしも円形にのばす必要はありませんが、円形のほうが見栄えがよいだけでなく、切り分けた時のロスが少なくてすむのです。

ここでは、ローマの料理学校「グラーノ&ファリーナ」で手打ち生パスタを教えている、ジュリア・フィカラのテクニックを紹介しましょう。この方法は背中への負担が少ない上、効率的です。

生地をのばす際には、こまめに生地に打ち粉（分量外）をします。

1.めん棒を両手でにぎり、手首が台にほぼ触れる位置に構える。めん棒で生地を丸くのばしていく。時々、生地を同じ方向に回転させながらのばし、きれいな円形になるようにする。

2.生地が直径30〜40cmになったら、腰幅でめん棒をにぎり、上部3分の1を円のカーブに沿ってのばしていく：生地をめん棒で前方へ押しだすようにしながら、段々と手をめん棒の中心へずらしていき、最後はめん棒の中央で両手が隣りあうようにする。縁も完全にのばす。これを繰り返し、生地を4回のばす。

3.時計をイメージし、生地を12時の位置から1時の位置までまわす。これを繰り返し、生地をひとまわりさせながら、同様にして上部3分の1をのばしていく。

4.生地の外側の縁をめん棒にかぶせ、かぶせた生地を右手（右手がきき手の場合）でおさえ、左手を残りの生地の上に置いて動かないようにする。右手で生地をおさえながらめん棒をぐっと向こうに押し、生地をめん棒にしっかり密着させる。めん棒を手前に転がして生地の4分の3を巻きつける。

5.両手を広く構えてめん棒をにぎり、ひじを外側に突きだし、生地にめん棒を押しつけながら奥へ向か

ってめん棒を転がし、巻きはじめの状態まで生地を広げる。再び手前にめん棒を転がして、生地の4分の3を巻きつける。これを2〜3回繰り返し、中央にできた厚みを平らにする。

6.生地をめん棒に巻きつけて90度回転させ、こね台の上に広げる。生地が手でさっと動かせないくらいの大きさになるまで、2〜6を繰り返す。

＊繰り返すたびに、生地の表面にめん棒を転がして表面をならし、めん棒を転がした時に生じる空気を取り除きます。また、こね台の縁からはみでた生地は、そのまま垂らしておいてOK。ただし、生地の3分の1くらいまでが限度で、それ以上だと、生地が台からすべり落ちてしまいます。垂らしておくと、いかりの役割で生地が固定され、生地がのびます。それによって、台の端で生地をのばす必要も、背中への負担もなくなります。生地にはもたれかからないように気をつけましょう。

7.向こうが透けて見えるくらいの薄さまでのばす。

＊生地全体をのばそうとしたり、のばす方向を変えたりしないこと。常に外側の3分の1の生地をのばし続けます。生地が大きくなるにつれ、めん棒の端を持つことになります。生地が均一にのばせているかを確認するには、生地の3分の1をめん棒に巻きつけ、めん棒の両端を持って生地を光にかざしてみます。濃い色がまだらに入っている部分はまだ厚いので、その部分を集中的にのばします。

8.のばした生地をこね台の上で5分乾燥させてから切り分ける。

＊タリオリーニ、タリアテッレ、パッパルデッレなどすぐに切り分けるパスタの場合は、打ち粉（分量外）をし、やさしくカーペットのように巻いてから、端から切り分けていきます。

セモリナ粉のパスタ生地の作り方

セモリナ粉は十分に歯ごたえがあるので、セモリナ粉と水がベースの生地には、一般的に卵は使いません。セモリナ粉と水の生地は、00粉を使った卵入りパスタ生地に比べ、のびにくい生地になります。この生地はカヴァテッリやマッケローニ、オレッキエッテなど、南イタリアのショートパスタ全般に使われます。サーニェ・トルテやタックーンなど帯状に切る

パスタの場合、生地はやや厚めにのばします。

Step 1. 材料を量る
基本配合（4人分）
セモリナ粉（粗挽き）…400g
ぬるま湯（人肌程度）…180〜200ml（約1カップ）
スケールで量るほうが、計量カップを使うより正確ともいわれます。水は容積（ml）と重量（g）が同じなので、180〜200gにあたります。また、塩を加えるレシピもあり、その場合、粉に直接混ぜるか、ぬるま湯に溶かして塩湯を作って加えます。この塩は、味つけのためではありません。塩を加えることで、グルテン組織がより強力にしっかりと形成され、特有の食感が生まれます。また本書では、細挽きの粉を使ったレシピもありますが、粗挽きで作ってもよいでしょう。

Step 2. 材料を混ぜる
1.粉をこね台（またはボウル）に盛り、指先で円を描くようにして中央にくぼみを作る。

2.くぼみに湯を注ぎ、全体に水分が行き渡るまで軽くあわせ、ひとまとめにする。

Step 3. 生地をこねる
1.生地を5分こねる（P.18 Step 3）。なめらかで、べたつかない状態になればこねあがり。
*こねあがりの目安は、卵入りパスタ生地のような、お菓子のマジパンぐらいの硬さではなく、手やこね台につかない状態であること。レシピによっては、生地は休ませる必要がない場合もありますが、長くこねた場合は、20分ほど休ませます。その際はよく絞った濡れ布きんをかぶせます。

Step 4. 生地を成形する
1.レシピに応じて、生地をのばす（または成形する）。
*南イタリアのパスタの多くは、のばす必要がありません。また、生地を切ったり成形したりしている間、残りの生地には乾燥しないように、よく絞った濡れ布きんをかぶせておきます。

手打ち生パスタの基本メモ

✤材料の計量

熟練のおばあちゃんのように、目分量でパスタ生地を作れるようになるには経験が必要です。材料を計量するには、デジタルスケールと計量スプーンをおすすめします。より簡単に正確な計量ができます。
小麦粉は温度や湿度で生地の状態が変わるので、レシピの分量を基本に微調整してください。

✤1人分の分量の目安

卵入りパスタ生地の場合、1人分につき卵1個と小麦粉100g（約1カップ）が基本の配合です。これは、パスタがメインディッシュでも十分な量です。ラヴィオリなど、詰めものパスタの場合は、ゆでる前の状態で1人分150gを目安とします。セモリナ粉のパスタ生地の場合も、粉は1人分につき100g（約1カップ）です。ただし、本書のレシピの中には、もっと多い量で作ったほうが作りやすいものもあるので、この配合と若干異なる場合もあります。

✤生パスタの保存法

卵入りパスタ生地の場合、生地をバットに重ならないように広げていったん冷凍します。凍ったパスタはポリ袋かプラスチック容器に移し、引き続き冷凍庫へ。使う時は解凍せず、凍ったままで、いつもと同じようにゆでます。ただし、ゆで時間は数分長くしてください。セモリナ粉のパスタ生地の場合は、広げて乾燥させます。乾燥させる時間が長いほど、生からゆでる場合よりゆで時間は長くなります。
すでにゆでたタリアテッレなどが残った場合は、フリットやオムレツなどにするとよいでしょう。

✤乾燥パスタを使用する場合

市販の乾燥パスタを使って、本書のレシピを作ってもよいでしょう。ただし、乾燥パスタはセモリナ粉で作られているので、卵入りパスタ生地用のレシピにあわせると、食感は変わります。
乾燥パスタはひとつの文化です。手打ち生パスタよりも価値が低いわけではありません。ただし市販の乾燥パスタを使う際は、クオリティーの高いものを選ぶこと。価格はある程度おいしさの目安になります。

パスタはダイスという穴の開いた型にとおして作られ、このダイスには、ブロンズダイス製とテフロンダイス製があります。ブロンズダイス仕上げで低温乾燥のものを選びましょう。日本で入手しやすいブロンズダイス製のパスタは、ディ・チェコ（DE CECCO）、バリラ（Barilla）、ガロファロ（Garofalo）です。

✤鍋は何でもOK

パスタをゆでるのに、イタリアではわざわざ専用のパスタ鍋や寸胴鍋をひっぱりだしてくる人はあまりいません。まず、イタリアではガス代がとても高いので、大量の湯を沸かすのにはコストがかかるからです。そして、この手の大鍋はキッチンの場所を取るため好まれないのです。ですから、手持ちの一番大きな鍋で大丈夫！ 1度にゆできれないなら、数回に分けてゆでてもよいでしょう。

✤パスタのゆで方のコツ1　湯と塩の目安

パスタをゆでる湯に加える塩は、水1ℓに対して塩小さじ2〜小さじ3（水量の1〜1.5%）が目安です。塩は湯を沸かす前から加えても、湯が沸いてから加えても構いません。後者の場合は、塩を加えて再沸騰してからパスタを入れてください。湯にパスタを入れたら、軽くかき混ぜます。塩は用意できるなら粗塩がおすすめです。

✤パスタのゆで方のコツ2　ゆで方とゆで加減の判断

ゆで加減はパスタを1本食べて確認します。ゆで時間は、パスタの形状、厚みや大きさによって変わってきます。湯が沸騰してから、タリアテッレなど帯状のロングパスタは2〜3分（タリオリーニなど極薄のパスタの場合はもっと短時間）、詰めものパスタなら4〜5分、セモリナ粉を使ったパスタなら最低でも5分を目安に、特記していないレシピでも確認しましょう。パスタのゆで汁でソースをのばしたり、風味やとろみをつけてもOK。

✤オリーブオイルは不要

パスタをゆでる際にオリーブオイルを加えると、くっつきにくくなるといわれますが、そうした効果はないので、ゆで湯にオリーブオイルは不要です。

Recipe 1

Nuts and herbs

ナッツ＆ハーブのパスタ

ナッツとハーブは、イタリアではどちらも森や野原で採取でき、いずれもパスタによくあうので、ひとつのカテゴリーにまとめました。春はハーブや野草が旬の時期です。気温が高くなると、葉は堅くなってしまいます。一方、ナッツのシーズンは夏のおわりから秋にかけて。ハーブや野草は、若くてやわらかいものを選び、ナッツはその年に収穫されたものを使いましょう。料理の味わいに大きな差がでます。

ROSETTA'S TROFIE WITH BASIL SAUCE

ロゼッタおばあちゃんの
トロフィエ
ペスト・アラ・ジェノヴェーゼ

ペスト・アラ・ジェノヴェーゼ（バジル・ペスト）は、北西部のリグーリア州を代表する、バジルと松の実がベースのペースト状の調味料。一般的には、パルミジャーノ・レッジャーノやペコリーノを使いますが、ロゼッタおばあちゃんは、ジェノヴァのご当地チーズ「プレシンセア」を使用。ヨーグルトとリコッタチーズの中間の味わいで、風味が強く、もそもそした質感が特徴のフレッシュチーズです。

ペスト・アラ・ジェノヴェーゼには、らせん状のショートパスタ「トロフィエ」をあわせるのが定番ですが、このパスタの市販品をよく見かけるようになったのは、ごく最近のこと。それもそのはずで、それまではジェノヴァ郊外の町ソーリのパスタメーカーが、地元の女性たちに製造を委託していました。ロゼッタおばあちゃんもそのひとりで、結婚後、このパスタの作り方を学んだのだそうです。

材料（4人分）
❖トロフィエ
00粉（または強力粉＋中力粉）…400g
沸騰させた湯…180ml
＊湯量は生地の状態によって微調整すること。

❖ペスト・アラ・ジェノヴェーゼ
バジルの葉…150g
松の実（できればイタリア産 [P.37]）…大さじ2
にんにく（ふっくらとして芽がでていないもの）…1片
エキストラ・バージン・オリーブオイル（できればリグーリア産／または青々しい香りのもの）…大さじ5
プレシンセア（またはリコッタチーズ [水気をきる] かギリシャヨーグルト）…大さじ4
グラナ・パダーノ（またはパルミジャーノ・レッジャーノ／すりおろす）…80g
ペコリーノ・サルド（すりおろす）…20g
塩…小さじ1/2

作り方
Step 1. トロフィエを作る
1.ボウルに粉を入れて中央をくぼませ、少しずつ湯を注ぎながら指先で混ぜ、粉と水分をなじませる。
2.全体に水分が行き渡ったら、手やボウルに生地がつかなくなるまで軽くあわせ、ひとまとめにする。
3.打ち粉（分量外）をしたこね台に生地を移し、10分ほどこねる。なめらかになり、表面につやがでればこねあがり。
4.生地にボウルをかぶせて乾燥しないようにし、30分休ませる。
5.生地をグリーンピースくらいの大きさにちぎり、手で転がして真ん中が太く両端が細くなるようにし、紡錘形に細長く成形する。
6.生地を横長に置いて、手の脇を生地の右端にのせ、生地を押しつけながら左手前に斜めに引いてよじり、らせん形にする。
＊手でうまく成形できない場合は、スケッパーをできるだけ斜めに倒して生地にあて、こすりつけるように引くとよいでしょう。
7.残りの生地も同様に成形する。

Step 2. ペスト・アラ・ジェノヴェーゼを作る
1.すべての材料をミキサーの中速にかけ、なめらかなペースト状にする。味見をし、塩気が足りなければ、塩（分量外）で味をととのえる。

Step 3. 仕上げる

1.大鍋に湯を沸かして塩（分量外）を加え、トロフィエを入れて、静かに沸騰する火加減で2分ほどゆでる。
＊ひとつ食べてゆで加減を確認すること。仕上げにさやいんげん（半分に切る、4人分150g）を加えてもおいしく、その場合、トロフィエをゆでる1分前に湯に入れて一緒にゆでます。

2.トロフィエの湯をきってサラダボウルに入れ、ペスト・アラ・ジェノヴェーゼをかけてあえる。
＊さやいんげんを加える場合、ペスト・アラ・ジェノヴェーゼと共にサラダボウルに加えてあえます。
3.器に盛りつける。
＊伝統的にチーズをかけずにいただきます。

トロフィエをリズミカルに手際よく作るには、
少し時間がかかるので、トロフィエは前日に
作っておくのがベター。

PIERINA'S CRESCIA SFOGLIATA
―――
ピエリーナおばあちゃんの
クレーシャ・スフォリアータ

「クレーシャ・スフォリアータ」は、マルケ州フィウミナータ村の伝統的なドルチェです。パイのようなサクサク生地で甘いフィリングを巻き込んだ、いわばイタリア版シュトゥーデル。100年以上前にこの村にもたらされ、今では「クレーシャ・スフォリアータ祭り」が毎年行われています。

このドルチェは、ピエリーナおばあちゃんにとって子どもの頃の思い出の味。当時、砂糖はとても貴重だったので、祖父母の家では戸棚にしまって鍵をかけてあったといいます。また、サルタナレーズンはもっと小ぶりで、じゃりじゃりしていたのだとか。ピエリーナおばあちゃんの作るクレーシャ・スフォリアータは、祖父母の時代よりもよい材料を使い、ココアも砂糖もたっぷり入ります。

材料（たっぷり12人分）

♣クレーシャ・スフォリアータの生地
00粉（または強力粉＋中力粉）…425g
卵…1個
オリーブオイル（マイルドなもの）…大さじ4
ぬるま湯（人肌程度）…200ml
グラニュー糖（細目）…小さじ1
塩…小さじ½
＊生地の状態によって粉の量を微調整すること。

♣フィリング
りんご（紅玉やブラムリーアップルなど）…5個
生くるみ…350g
ココア（パウダー）…100g
グラニュー糖…大さじ4
バニラエキストラクト…小さじ1
アニス系リキュール（パスティス、ペルノ、ウゾなど。またはラム酒など他の蒸留酒）…大さじ1
オレンジのゼスト（ノーワックスのもの／表皮をすりおろす）…1個分
レモンのゼスト（ノーワックスのもの／表皮をすりおろす）…1個分
サルタナレーズン（ぬるま湯に浸して戻し、水気をきっておく）…200g

作り方

Step 1. クレーシャ・スフォリアータの生地を作る（前日）
1.ボウルに粉以外の材料をすべて入れ、フォークでよくかき混ぜる。
2.粉をこね台（またはボウル）に盛り、中央にくぼみを作る。くぼみに1を少しずつ注ぎながらフォークで混ぜ、粉と水分をなじませていく。
3.全体がざっとなじんだら、生地をこねる。なめらかになり、表面につやがでればこねあがり。
＊フックをつけた卓上ミキサーでこねてもOK。
4.生地をひとまとめにし、蓋つきの容器に入れ、冷蔵庫でひと晩休ませる。
＊翌日、生地をのばす前に、蓋をした状態で2〜3時間室温に戻しておくこと。ラップで包んでもOK。

Step 2. フィリングを作る
1.りんごは皮をむいていちょう切りにし、変色しない

よう水（分量外）につけておく。
＊生地に敷き込む際に、キッチンペーパーで水分をおさえてから使うこと。
2.りんごとレーズン以外の材料をすべてミキサーの中速にかけ、軽く食感が残る程度まで細かくする。
＊パウダー状にする必要はありません。
3.レーズンを加えて混ぜる。
4.オーブンを170℃に温め、天板2枚にクッキングシートを敷いておく。
5.こね台を清潔なテーブルクロス（模様入り）で覆う。
＊明るい色の模様入りを選ぶこと。Step 3で生地を薄くする加減を模様が見えるかどうかで判断します。

Step 3. クレーシャ・スフォリアータを作る
1.Step 1の生地を2等分する。生地を長いめん棒を使い、まずはめん棒の幅いっぱいまで薄く平らに円形にのばす。
2.生地の下に手を入れ、手の甲と指でやさしくひっぱるようにして長方形にのばし、さらに薄くしていく。
＊薄くする目安は、テーブルクロスの模様がはっきりと透けて見えるくらいです（P.34上）。生地が破れてしまったら、裂け目を指でつまんでくっつけます。生地の縁は厚くなりがちなので、生地をまわしながら、縁から2cmほどを指で引っ張って薄くします。
3.生地の表面に刷毛でオリーブオイル（分量外）を軽く塗り、上下の縁まわりに10cmほど余白を残してフィリングを広げ（P.34下）、上からりんごを散らし（P.35上）、グラニュー糖（適宜、分量外）をふりかける。
4.生地の上下の余白をフィリングの上にかぶせる。
5.テーブルクロスを持ちあげ、生地をフィリングごと真ん中まで巻き込む。反対側からもテーブルクロスを持ちあげて生地を転がして巻き込む。
＊両側に軸のある巻物のような形（P.35下）になります。
6.残りの生地も同様に成形する。
7.生地の表面に刷毛でオリーブオイル（分量外）を塗り、天板の幅にあわせて切り分け、天板に並べる。
8.170℃のオーブンに入れ、きれいな焼き色がつくまで30〜35分焼く。器に盛りつける。
＊すぐにいただかない場合、冷めてから密閉容器へ。室温で数日間保存できます。

MAURIZIO'S PESTO ALLA GENOVESE

—

マウリツィオおじいちゃんの ペスト・アラ・ジェノヴェーゼ

ロゼッタおばあちゃん（P.28）のペスト・アラ・ジェノヴェーゼは、クリーミーで美味なソースといった感じですが、マウリツィオおじいちゃんのレシピは正統派。それもそのはず、ジェノヴァで行われるペストの世界大会で優勝経験があり、現在は審査員を務めています。

完璧なペスト・アラ・ジェノヴェーゼを作るには、まず道具選びが重要です。マウリツィオおじいちゃんのご自慢は乳棒と乳鉢のコレクション。古代ローマ時代のものからモダンなものまでお持ちです。乳鉢は大理石製で、ミケランジェロも使用した、カッラーラ産を使ったものも多数あります。乳棒はりんごや梨など果樹の木材製で、堅くて木目が美しくそろっています。

素材選びも重要で、高級品質のバジル「バジリコ・ジェノベーゼ」を使うのが理想的。ジェノヴァ近郊のプラが、このバジルの産地として知られています。マウリツィオおじいちゃんは、この町の、海を臨む地域でバジルを栽培しており、この環境が最高のバジルを生むといいます。そして、松の実はイタリア産がマスト！ これは、傘状の「イタリアカサマツ」と呼ばれる品種で、色は淡いクリーム色、細長い形が特徴です。チーズはパルミジャーノ・レッジャーノと、サルデーニャ産のペコリーノ・サルドを使いましょう。

このペストはパスタにあわせるだけでなく、スープに使ったり、ゆでた野菜やサラダのソースとしても美味。ぜひお試しあれ！

材料（たっぷり2人分）
バジルの葉…50g
松の実（イタリア産）…大さじ3
にんにく（芽がでていないもの）…1片
岩塩…小さじ½
パルミジャーノ・レッジャーノ（すりおろす）…大さじ4
ペコリーノ・サルド（すりおろす）…大さじ½
エキストラ・バージン・オリーブオイル（リグーリア産／またはスパイシーでない風味のもの）…大さじ4

作り方
1.乳鉢ににんにくと塩を入れ、乳棒でペースト状になるまですりつぶす。

2.バジルの葉、松の実、チーズ2種を加え、円を描くように乳棒を動かしてすりつぶし、どろっとしたペースト状にする。

*乳棒でたたくようにしてつぶさないこと。マウリツィオおじいちゃんからのアドバイスは「すりつぶす時は、素材のハーモニーが生まれるように」。

3.オリーブオイルを加え、スプーンでよく混ぜる。

*フードプロセッサーの高速にかけ、ペーストにしてもよいですが、乳棒と乳鉢を使った伝統的なやり方の方が、風味も舌触りもよくなります。

ALESSANDRA AND FRANCO'S CORZETTI WITH FRESH MARJORAM DRESSING

アレッサンドラおばあちゃん＆
フランコおじいちゃんの
コルツェッティ
マジョラム風味の松の実ソース

リグーリア州は山と海にはさまれ、その急勾配の土地は機械化された大規模農業には不向きなため、今でも小規模農家が元気。市場には地産の新鮮な食材が並びます。州都ジェノヴァ近郊のキアーヴァリの市場では、収穫したての地元産バジルと、真っ赤なトマトが山積みされ、大地と太陽のにおいを放っています。

スタンプで模様をつけるコイン形のショートパスタ、「コルツェッティ」のレシピを教えてくれたのは、この町に暮らすアレッサンドラおばあちゃん。ご主人のフランコおじいちゃんは腕利きの木彫り師で、工房には木彫りのネプチューンや人魚がずらりと並んでいます。専門は船の船首像ですが、コルツェッティ用スタンプの木型も作っています。コルツェッティ用スタンプの抜き型がない場合、見た目は地味になりますが、直径5〜6cmの小さなグラスかクッキーの抜き型で代用して、円形にくり抜いてください。

材料（6人分）

❖コルツェッティ

0粉（または強力粉＋中力粉）…600g
卵黄（溶きほぐす）…5個分
卵（溶きほぐす）…1個分
白ワイン（辛口）…150ml
＊白ワインの量は生地の状態によって微調整すること。

❖マジョラム風味の松の実ソース

松の実（イタリア産 [P.37]）…120g
マジョラム…25g
エキストラ・バージン・オリーブオイル（リグーリア産／または青々しい香りのもの）…½カップ
にんにく（皮をむいて丸ごと）…2片

作り方

Step 1. コルツェッティを作る

1.粉をこね台（またはボウル）に盛り、中央にくぼみを作る。
2.くぼみに溶きほぐした卵黄と卵を入れ、フォークで粉と卵をなじませ、少しずつワインを注ぎながらさらに混ぜあわせる。
3.全体に水分が行き渡ったら、生地をひとまとめにする。
4.生地を10分ほどこねる。なめらかになり、表面につやがでればこねあがり。よく絞った濡れ布きんをかぶせて30分休ませる。
5.こね台とめん棒、生地にこまめに打ち粉（分量外）をしながら、生地を厚さ3mmにのばす。
＊生地を薄くのばしすぎてしまうと、スタンプがうまく押せなくなるので注意しましょう。
6.コルツェッティ用スタンプの抜き型を生地にあて、ひねるようにして生地を円形にくり抜いていく（P.40）。
7.スタンプの装飾が施された面の上に6の生地をのせ、持ち手のついたスタンプではさんで押し、生地の両面に模様をつける（P.40〜41）。残りの生地も同様にする。
＊専用のスタンプ型がない場合、円形にくり抜くだけでOKです。

Step 2. マジョラム風味の松の実ソースを作る

1.小鍋にオリーブオイルを弱火で熱し、松の実、マジョラム、にんにくを入れ、軽く泡立つ状態で4分じっくり火をとおす。
＊松の実が焦げないよう注意しましょう。

Step 3. 仕上げる

1.大鍋に湯を沸かして塩（分量外）を加え、コルツェッティを入れて、静かに沸騰する火加減で歯ごたえが残る程度にゆでる。
2.コルツェッティの湯をきり、器に盛って、ソースをかける。

「コルツェッティ」はリグーリア州の郷土パスタ。専用のスタンプで模様をつけたこのパスタは、ルネサンスの時代から存在します。その当時、貴族は自らの紋章をこのパスタに施していました。また、もうひとつ一般的だったのは、様式化された十字架のモチーフです。コルツェッティはクロゼッティ（Croxetti）とも呼ばれ、諸説ありますが、ラテン語で「十字架」を意味する「crux」がおそらく、このパスタの名前の由来になったのでしょう。

今ではミツバチや小麦、企業のロゴまで、模様のモチーフは様々。模様をつけることでソースがよりなじみやすくなりますが、専用のスタンプが手に入らなければ、円形にくり抜くだけでOKです。

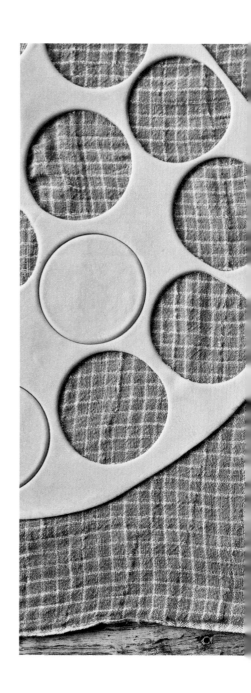

かつて砂糖は非常に高価で、16世紀のヴェネツィアの貴族は富と権力を誇示するために、セレモニーの時に砂糖細工のオブジェを飾ったといいます。そして一般的にイタリアの貴族は甘いものに目がなく、間食としてお菓子や砂糖菓子を食べる習慣が生まれました。

一方、庶民はフルーツから糖分を摂っていました。ブドウの収穫期には、皮や種ごとつぶした果汁をゆっくり煮詰め、ヴィンコットという天然のシロップに加工したのです。ヴィンコットとは「煮たワイン」という意味で、庶民には数少ない甘味料のひとつでした。

南部バジリカータ州では、タリアテッレのような帯状のパスタ「トゥマツ」をヴィンコットで煮て、くるみを散らした料理を、収穫期の労働者たちにふるまうのが習いでした。その伝統パスタを、マスキート村に暮らすローザおばあちゃんのレシピで紹介しましょう。

材料（3〜4人分）
♣トゥマツ
セモリナ粉（細挽き）…150g
00粉（または強力粉＋中力粉）…150g
ぬるま湯（人肌程度）…120ml
塩…ひとつまみ
＊湯量は生地の状態によって微調整すること。

♣ヴィンコット風味のソース
ヴィンコット…250ml
シナモン（パウダー）…小さじ1

♣仕上げ
くるみ（細かく砕く）…100g

作り方
Step 1. トゥマツを作る
1.粉2種をこね台の上に広げ、塩を加えてよく混ぜる。中央にくぼみを作り、ぬるま湯を少しずつ加えながら、指先で粉と混ぜあわせる。
2.全体に水分が行き渡ったら、手や台に生地がつかなくなるまで軽くあわせ、ひとまとめにする。
3.生地を5分こねる。なめらかになり、手や台につかなくなればこねあがり。よく絞った濡れ布きんをか

ぶせて最低30分休ませる。
4.生地を厚さ2〜3mmの円形にのばす。
＊一般的なタリアテッレほど極薄にのばす必要はありません。
5.生地を包丁（またはパイカッター）で幅2cmほどに切り、長さ10〜13cmの短冊状になるように、それぞれ2〜4つぐらいに切り分ける。切った生地は重ならないように広げておく。

Step 2. ヴィンコット風味のソースを作る
1.大きめのフライパンにヴィンコットとシナモンを入れて中火にかけ、ひと煮立ちさせる。
＊可能なら、次のStep 3の1と2の間に作るのがベストです。

Step 3. 仕上げる
1.大鍋に湯を沸かして塩（分量外）を加え、トゥマツを入れて、静かに沸騰する火加減で2〜3分ゆでる。
2.トゥマツの湯をきり、Step 2のフライパンに入れ、さっとかき混ぜてソースとからめ、弱火で1〜2分ほど煮る。
3.器にトゥマツをソースごと盛り、くるみを散らす。
＊くるみは好みであらかじめローストしても。

ROBERTO'S 'HAIRY' TAGLIATELLE

ロベルトおじいちゃんの タジュリ・ピルーズィ 野草の煮込み

マルケ州中部の町、ペトリートリに暮らすロベルトおじいちゃんの本業は心理療法士。趣味は野草摘みで、休みの日には野山を散策し、摘んだ野草でパスタ作りを楽しんでいます。お得意は伝統的なパスタ「タジュリ・ピルーズィ」。この地の方言で「毛深いタリアテッレ」を意味し、全粒粉のパスタのざらざら感がその名の由来。ロベルトおじいちゃんは、全粒粉と粗挽きの軟質小麦粉を半々配合します。

野草はイラクサ、タンポポ、スイバ、セイヨウオオバコ、ノコギリソウなど、葉が若くてやわらかいものを数種類用意します。野草の代わりに、セロリの葉やパセリ、ほうれん草などをミックスして使っても。チコリかエンダイブで苦みを加えると、より本格的に仕上がります。

材料（4人分）

❧ タジュリ・ピルーズィ
全粒粉…200g
強力粉＋中力粉…200g
塩…小さじ¼
ぬるま湯（人肌程度）…1カップ
＊湯量は生地の状態によって微調整すること。

❧ 野草の煮込み
野草のミックス（堅い茎の部分を取り除き、適当な大きさに切る）…1kg
エキストラ・バージン・オリーブオイル…大さじ4
にんにく（みじん切り）…3片分
赤唐辛子（乾燥／小口切り）…1本分
アンチョビ（細かく刻む）…50g
＊野草は、イラクサ、タンポポ、スイバ、セイヨウオオバコ、ノコギリソウ（またはセロリの葉、エンダイブ、パセリ、ほうれん草、チコリ、クレソン、チャイブ）などから用意。

作り方

Step 1. タジュリ・ピルーズィを作る

1.粉3種をこね台の上に広げ、塩を加えてよく混ぜ、中央にくぼみを作る。
2.くぼみに湯を少しずつ注ぎ、指先で粉と混ぜあわせる。全体が軽くなじんだら生地をひとまとめにする。
3.生地を10分こねる。なめらかになり、手や台に生地がつかなくなればこねあがり。よく絞った濡れ布きんをかぶせて30分休ませる。
4.生地を1mmほどに薄くのばし、そのまま5分おいて乾かす。
5.生地の表面に打ち粉（分量外）をし、カーペットのように巻き、端から1cm幅に切り分ける。切った生地はほぐして、台の上に広げておく。

Step 2. 野草をゆでる

1.大鍋に湯を沸かして塩（適量、分量外）を加え、野草を入れて、好みの歯ごたえになるまで中火でゆでる。
2.野草をザルに取り、レードルの背で押して余分な水分をきる。
＊野草のゆで汁は捨てずに鍋ごと取っておきます。

Step 3. 野草の煮込みを作り、仕上げる

1.深めのフライパンにオリーブオイルをひいて中火で熱し、にんにくを入れて色づくまで炒める。赤唐辛子とアンチョビを加え、にんにくとアンチョビがなじむまでさらに炒める。
2.Step 2の野草とゆで汁（レードル1杯程度）を加えてとろ火で5分煮る。
3.Step 2の大鍋を沸かして塩（適量、分量外）を加え、タジュリ・ピルーズィを入れて、静かに沸騰する火加減で1〜3分ゆでる。
＊1本食べてゆで加減を確認すること。
4.タジュリ・ピルーズィの湯をきり、2のフライパンに入れてからめ、器に盛りつける。
＊伝統的にチーズをかけずにいただきます。

PASQUALINA AND MARIA'S TAGLIATELLE WITH TOMATO AND ANCHOVY SAUCE

パスクアリーナ&マリアおばあちゃんのトゥマツ・マ・トゥール アンチョビのトマトソース

材料（4人分）

❧トゥマツ・マ・トゥール

セモリナ粉（細挽き）…400g

水…1カップ

＊水量は生地の状態によって微調整すること。

❧アンチョビのトマトソース

アンチョビ…60g

ホールトマト（缶詰／スプーンの背でつぶす）…1缶分

（400g）

パッサータ（トマトピュレ）…500g

エキストラ・バージン・オリーブオイル…大さじ3

a にんにく（皮をむいて丸ごと）…2片

　 赤唐辛子（乾燥）…1本

　 パセリ（粗みじん切り）…大さじ1

白ワイン…125ml

バジルの葉…25g

塩…適量

❧パン粉のトッピング

パン・ド・カンパーニュ（硬くなったもの）…100g

くるみ（細かく刻む）…50g

パセリ（粗みじん切り）…大さじ2

エキストラ・バージン・オリーブオイル…大さじ1〜2

作り方

Step 1. トゥマツ・マ・トゥールを作る

1.パスタ生地を作り（P.20）、よく絞った濡れ布きんをかぶせて20分休ませる。

2.生地を厚さ1〜2mmにのばして打ち粉（分量外）をし、カーペットのように巻いてから、幅1cmの帯状にパイカッターで切り分ける。

Step 2. アンチョビのトマトソースを作る

1.フライパンにオリーブオイルをひいて中火で熱し、aとアンチョビを入れ、アンチョビを崩しながらオリーブオイルとなじむまで炒める。

2.ワインを注ぎ、ひと煮立ちしたらトマトとパッサータを加えて混ぜる。味見をして塩で味をととのえ、10分ほど弱火で煮込む。煮えたら赤唐辛子を取りだし、バジルを加えてひと混ぜする。

Step 3. パン粉のトッピングを作る

1.パンをフードプロセッサーの中速にかけ、食感が残る程度に細かく砕く。

2.大きめのフライパンにオリーブオイルをひいて強火で2〜3分熱し、1のパン粉を入れ、パン粉がカリッときつね色になるまで、かき混ぜながら炒める。

3.バットに移して冷めたら、くるみとパセリを加えて混ぜる。

Step 4. 仕上げる

1.大鍋に湯を沸かして塩（分量外）を加え、トゥマツ・マ・トゥールを入れて、軽くかき混ぜながら静かに沸騰する火加減で2〜3分ゆで、湯をきる。

2.Step 3のパン粉のトッピングをあとでふりかける用に少し取り分け、残りを器に広げる。

3.器に1を盛りつけて、ソースをかけ、取っておいたパン粉のトッピングをふりかける。

「トゥマツ・マ・トゥール」は、アルバニア語源の方言で「タリアテッレとパン」という意味。その名のとおり、パン粉を散らして仕上げます。

CORNELIA'S PANSOTTI WITH WALNUT PESTO

コルネリアおばあちゃんのパンソッティ くるみのペスト

材料（4〜5人分）

✤パンソッティ
00粉（または強力粉＋中力粉）…400g
卵…1個
エキストラ・バージン・オリーブオイル…大さじ1
水…150ml
＊生地の状態によって粉の量を微調整すること。

✤フィリング
野草のミックス…500g（ゆであがり約270g）
マジョラムの葉（粗みじん切り）…小さじ3
にんにく（少量の塩をふってみじん切り）…1片分
エキストラ・バージン・オリーブオイル…大さじ1
卵（溶きほぐす）…1個分
パルミジャーノ・レッジャーノ…50g
＊野草はイラクサやホタルブクロ、ワレモコウ（または、ほうれん草、クレソン、ルッコラなど）などから用意。

✤くるみのペスト
くるみ…100g
松の実（イタリア産 [P.37]）…50g
パン粉（P.47 Step 3-1）…50g
牛乳…300ml
にんにく…1片
マジョラムの葉（粗みじん切り）…小さじ3
塩、こしょう…各適量

作り方

Step 1. パンソッティの生地を作る
1.パスタ生地を作り（P.18）、よく絞った濡れ布きんをかぶせて20〜30分休ませる。

Step 2. フィリングを作る
1.大鍋に湯を沸かして塩（適量、分量外）を加え、野草を入れてしんなりするまで中火でゆでる。野草の湯をきり、粗熱が取れたら水気を絞る。
2.野草をペースト状になるまで細かく刻む。残りの材料と一緒にボウルに入れ、スプーンで混ぜる。

Step 3. パンソッティを作る
1.Step 1の生地を厚さ1mmほどにごく薄くのばし、パイカッターで5〜6cm角の正方形に切り分ける。
2.それぞれの生地の中央にStep 2のフィリングを小さじ1ずつのせ（P.48右上）、対角線で折って三角形にし、縁をしっかり押さえてくっつける。底辺の両端の角を手前で重ね、指でつまんでくっつける（P.48左下）。

Step 4. くるみのペストを作る
1.パン粉は牛乳に浸したあと、余分な水分を絞る。
＊パン粉を浸した牛乳は捨てずに取っておきます。
2.天板2枚にくるみと松の実を広げ、140℃に予熱したオーブンで10分ローストする。きれいな焼き色がつき、芳ばしい香りがしてきたら取りだして冷ます。
3.ミキサーに1、2、にんにく、マジョラムを入れ、塩とこしょうをし、高速でまわす。様子を見ながら1で取っておいた牛乳を加え、かなり濃厚なソース状に仕上げる。塩で味をととのえる。

Step 5. 仕上げる
1.大鍋に湯を沸かして塩（分量外）を加え、パンソッティを入れ、静かに沸騰する火加減で2〜5分ゆでる。
2.パンソッティの湯をきり、サラダボウルに入れ、Step 4のペストを加えてあえ、器に盛りつける。

「パンソッティ」は、リグーリア州の方言で「おなか」を意味する詰めものパスタ。フィリングの定番は、イラクサなど数種の野草です。

ANGELA'S BUSIATE WITH TRAPANESE PESTO

アンジェラおばあちゃんの ブジアーテ トラパーニ風ペスト

アンジェラおばあちゃんは小麦農家の主婦。ごく最近、一家はシチリアの伝統的なデュラム小麦「ペルチャザッキ」を再び栽培するようになりました。彼女はこの古代小麦を使い、トラパーニ名物のツイスト状ショートパスタ「ブジアーテ（Busiate）」を作ります。かつてはイネ科の植物ブーサ（busa）を乾燥させ、茎に生地を巻きつけて作ったので、この名がついたのだとか。トラパーニ風ペスト（ペスト・トラパネーゼ）には、1人につき、にんにくを1片使うのがアンジェラおばあちゃん流。彼女が暮らす、トラパーニ近郊のサレーミでは、にんにく、トマト、バジルのペストが一般的でしたが、最近ではトラパーニの風習にならい、アーモンドと松の実も加えます。

材料（4人分）

❧ブジアーテ
セモリナ粉（細挽き／できれば古来小麦）…400g
水…1カップ
塩…小さじ1/2
＊水量は生地の状態によって微調整すること。

❧トラパーニ風ペスト
完熟トマト（風味の強いもの）…中16個
にんにく…6片（好みにあわせて調整してOK）
塩…小さじ1
バジルの葉…小枝8本分
アーモンド（ホール／皮なし）…20g
松の実（イタリア産 [P.37]）…10g
エキストラ・バージン・オリーブオイル…大さじ3

作り方

Step 1. ブジアーテを作る

1.パスタ生地を作り（P.20）、よく絞った濡れ布きんをかぶせて30分休ませる。
2.生地を半分に切り、厚さ約1cmの楕円形にのばす。
3.生地の端から1cm幅の短冊状に切り分け、手のひらで転がしてのばし、太さが携帯の充電コードくらい、長さが約20cmの細いロープ状に成形する。
4.それぞれの生地を半分（または3等分）に切る。
5.生地を縦長に置き、右端に直径3～4mmの竹串の先端を45度の角度であてて押しつけ、左手を竹串に添えながら右手で手前に向かって転がし、生地を竹串にらせん状に巻きつける。竹串の端まで巻きおえたら、手のひらでやさしく転がして生地をならす。

＊力を入れすぎると、生地どうしがくっついたり、棒にくっついたりしてしまうので注意しましょう。
6.竹串を垂直に立て、生地を竹串からはず。残りの生地も同様に成形する。
＊そのままおいて乾かし、翌日に使ってもOK。

Step 2. トラパーニ風ペストを作る

1.トマトは皮をむき、乱切りにする。
＊湯むきする場合、下部に十字に切り込みを入れ、沸騰した湯に5分ほどつけたあと冷水に取って皮をむきます。
2.乳鉢ににんにくと塩を入れ、にんにくをすりつぶし、バジル、アーモンド、松の実を加え、アーモンドが完全に粉砕されるまで乳棒でつぶす。1のトマトを加え（汁も加える）、つぶしながらよく混ぜ、最後にオリーブオイルを加えてかき混ぜる。
＊フードプロセッサーを使う場合、オリーブオイル以外の材料を低速にかけて粉砕して、アーモンドの食感が多少残る程度のペースト状にし、オリーブオイルを加えてかき混ぜます。

Step 3. 仕上げる

1.大鍋に湯を沸かして塩（分量外）を加え、ブジアーテを入れて、静かに沸騰する火加減で6～7分ゆで、湯をきる。
2.サラダボウルに入れ、Step 2のペストを加えてあえ、器に盛りつける。
＊トマトの汁気があるので、ゆで汁でのばしません。伝統的にチーズをかけずにいただきます。

Recipe 2

Vegetables

野菜のパスタ

ここから野菜が主役のパスタ料理を紹介しますが、ベジタリアン向けというわけではな
く、多少は肉を使うレシピも登場します。この本に登場するおばあちゃんたちは野菜中心
の食事を摂っているようですが、根っからのベジタリアンではありません。かつて肉は貴
重なものでした。大切な食材だったので、ソーセージやパンチェッタをソースに少し加え
て、料理の価値を高めながらいただいたのです。もちろん、肉を省いてもよいでしょう。
旬の野菜をふんだんに使って、野菜のパスタを楽しんで！ 市販のパッサータを使う場合
は、クオリティーの高いものを奮発してください！

マルゲリータおばあちゃんが暮らすのは、シチリア島の内陸部。家はモディカの町を見おろす丘の上にあり、早春になると周囲の牧草地には野生のアスパラガスやフェンネルが芽吹きます。マルゲリータおばあちゃんが教えてくれたこのレシピは、この地域の農家の定番料理。「カヴァティ」は、カヴァテッリ（P.92）のこのあたりでの呼び名で、指3本分の幅の生地を指でくるっと巻き込んで作るショートパスタ。あわせる春野菜の煮込みは、豆のさやで香り高いブイヨンを取り、その中で野菜と豆を煮るのがポイントです。野菜や豆は、種類と量を変えてもよいでしょう。ただし、若くて新鮮なものを選びます。

材料（4〜6人分）
❖カヴァティ
セモリナ粉（細挽き）…400g
ぬるま湯（人肌程度）…1カップ
塩…小さじ1/2
＊湯量は生地の状態によって微調整すること。

❖春野菜の煮込み
そら豆（さやつき）…1kg（正味約300g）
グリーンピース（さやつき）…400g（正味約200g）
アスパラガス（細いもの）…250g
アーティチョーク…大4個
リーキ…小1本（または葉玉ねぎ大1個）
フェンネルの葉（またはイタリアンパセリ）…小1束
水、塩…各適量

❖仕上げ
リコッタチーズ（水気をきる）…150g
エキストラ・バージン・オリーブオイル…適量
パルミジャーノ・レッジャーノ…適宜

作り方
Step 1. 春野菜の煮込みを作る
1.そら豆とグリーンピースはさやをむいて豆を取りだす。アスパラガスは根元の堅い部分を切り落とし、長さ4cmに切る。リーキは薄皮をむき、輪切りにする。アーティチョークは茎をつけたまま下拵えし（P.72）、ざく切りにする。フェンネルもざく切りにする。
＊そら豆とグリーンピースのさやと筋は捨てずに取っておきます。

2.大鍋に1で取っておいたさやと筋を入れ、かぶるくらいの水を注いで塩をし、強火にかける。沸騰したら火を弱め、蓋をして弱火で40分ほど煮る。
3.煮汁を別の鍋に漉し入れ、1の豆と野菜、フェンネルの葉を加え、塩で味をととのえる。野菜がやわらかくなるまで弱火で30分ほど煮る。
＊煮汁は捨てずに取っておきます。

Step 2. カヴァティを作る
1.パスタ生地を作り（P.20）、よく絞った濡れ布きんをかぶせて30分休ませる。
2.生地を厚さ5〜7mmの円形のシート状にのばし、端から4〜5cm（指3本分の幅）の帯状に切り分ける。
3.生地を横長に置いて数枚重ね、端から約1cm幅に切って小さな短冊状にする。
4.生地を横長に置き、真ん中の指3本を生地に押しあて、そのまま手前に引いて巻き込む。残りの生地も同様に成形する。

Step 3. 仕上げる
1.大鍋に湯を沸かして塩（分量外）を加える。
2.サラダボウルにリコッタチーズを入れ、オリーブオイルを加え、スプーンでチーズをつぶしながら混ぜる。Step 1の春野菜の煮込みを加えて混ぜる。
3.1にカヴァティを入れ、静かに沸騰する火加減で5分ほどゆでる。
4.カヴァティの湯をきって2に加えてあえ、様子を見ながら野菜の煮汁を加えて濃度を調整する。
5.オリーブオイルをまわしかけ、好みでパルミジャーノをふりかける。

MARIA'S
RASCHIATELLI WITH
RED PEPPERS
———
マリアおばあちゃんの
ラスキアテッリ
赤パプリカのソース

南部バジリカータ州のサンタルカンジェロ近郊に暮らす、マリアおばあちゃんは、8歳の時、両親にパスタ作りを頼まれ、ラスキアテッリを作るようになったとか。ラスキアテッリは、カヴァテッリ（P.92）のこの地域での呼び名。「大量に作るなら"指10本"サイズがおすすめ」といいながら、両手の指を帯状の生地にのせ、こね台にこすりつけるように引いたかと思うと、さやつきのそら豆サイズのラスキアテッリがひとつ完成していました。大勢の分を作るには合理的な大きさなのだそう。野菜作りにも熱心な彼女の育てるパプリカは、「ペペローネ・ディ・セニーゼ」というご当地のブランド種。赤くて表皮が薄く、長くてわずかにひしゃげた形が特徴で、とても甘い！軒先に吊りさげて乾燥させるのが、おばあちゃんの家の夏の風物詩です。

材料（4人分）
❧ラスキアテッリ
セモリナ粉（細挽き）…400g
ぬるま湯（人肌程度）…1カップ
塩…小さじ1/2
*湯量は生地の状態によって微調整すること。

❧赤パプリカのソース
赤パプリカ（できればロングタイプ）…2〜4個
完熟トマト（風味の強いもの）…6〜7個
エキストラ・バージン・オリーブオイル…大さじ3〜4
にんにく（スライス）…2片分
バジルの葉…1束分
塩…適量
*赤パプリカは大きさ次第で2〜4個用意します。

❧仕上げ
リコッタ・サラータ（またはペコリーノ・ロマーノ／すりおろす）…適量

作り方
Step 1. ラスキアテッリを作る
1.パスタ生地を作り（P.20）、よく絞った濡れ布きんをかぶせて30分休ませる。
2.生地を直径4cmほどの大きさに切り分け、転がして直径2cmほどの棒状にのばす。
3.生地を端から4〜5cm（指3本分の幅）に切り分ける（P.59右上）。
4.生地を横長に置き、外側の縁に指3本をそろえて

押しあて、そのまま手前に引いて巻き込む。残りの生地も同様に成形する。
*マリアおばあちゃんはスピーディーに作業するために、両手で同時に成形していきます（P.59右下）。

Step 2. 赤パプリカのソースを作る
1.赤パプリカはへたと種を取り、乱切りにする。トマトは皮をむき（P.52）、乱切りにする。
2.鍋にオリーブオイルをひいて弱火〜中火で熱し、赤パプリカとにんにくを入れ、パプリカがしんなりするまで10分ほど炒める。
3.赤パプリカを取りだし、同じ鍋にトマトと塩（ひとつまみ）を入れ、どろっとしたソース状になるまでとろ火で25分ほど煮込む。途中、煮詰まりすぎたら水（分量外）を加える。赤パプリカを鍋に戻し、バジルの葉を加え、全体をかき混ぜる。
*赤パプリカはトマトと一緒に煮込まず、最後に加えて食感を生かします。このソースは事前に作っておいてもOK。

Step 3. 仕上げる
1.大鍋に湯を沸かして塩（分量外）を加え、ラスキアテッリを入れて、浮かびあがってくるまで静かに沸騰する火加減でゆでる。
*ひとつ食べてゆで加減を確認すること。
2.ラスキアテッリの湯をきり、サラダボウルに入れる。Step 2のソースを加えてあえ、塩気が足りなければ塩（分量外）で味をととのえる。
3.器に盛りつけ、ペコリーノをふりかける。

97歳のジュゼッパおばあちゃんは、サルデーニャ島北部のオツィエーリ村で暮らしています。村の伝統パスタは「マカロネス・デ・ウンジャ」。サルデーニャ島全土で作られている、マッロレッドゥスのバリエーションのひとつです。ウンジャは地元の方言で「指の爪」という意味ですが、見た目はむしろ、桑の実のような愛らしさ。

このパスタを作るのにジュゼッパおばあちゃんは、おろし金のような専用の道具をテーブルのふちにはめ、生地をカールさせていきます。この地域の他の村々では、凸凹のついたガラスやタイル、ニョッキボードなどを使って成形するのだそう。私たちが自宅で作る時には、チーズおろし器やナツメグのおろし金の裏側で代用するとよいでしょう。

材料（4人分）

♣マカロネス・デ・ウンジャ
セモリナ粉（細挽き）…400g
ぬるま湯（人肌程度）…1カップ
塩（ぬるま湯に溶かす）…小さじ1/2
＊湯量は生地の状態によって微調整すること。

♣トマトソース
パッサータ（トマトピュレ／または生のトマトの乱切り）…500g
玉ねぎ（粗みじん切り）…1個分
にんにく（皮をむいて丸ごと）…1片
エキストラ・バージン・オリーブオイル…大さじ3
イタリアンパセリ…20g
バジル…小枝3本
塩…適量

♣仕上げ
ペコリーノ・サルド（すりおろす）、バジルの葉…各適量

作り方

Step 1. マカロネス・デ・ウンジャを作る

1. パスタ生地を作り（P.20）、よく絞った濡れ布きんをかぶせて30分休ませる。
2. 生地を少量ずつちぎり、転がして直径1cmほどの棒状にのばす。
3. 生地を2cmほどにちぎり、チーズおろし器（またはナツメグのおろし金）の裏面にのせ、生地に親指を押しつけ、そのまま手前に引いて巻き込み、表面に小さな凸凹模様をつける。残りの生地も同様に成形する。

Step 2. トマトソースを作る

1. 鍋にオリーブオイルをひいて中火で熱し、玉ねぎとにんにくを入れて炒める。玉ねぎがしんなりしたら、イタリアンパセリ、バジル、パッサータを加え、塩で味をととのえ、弱火で20分煮込む。
2. ハンドブレンダーの中速（またはムーラン）で撹拌し、ハーブ、玉ねぎ、にんにくをつぶす。

Step 3. 仕上げる

1. 大鍋に湯を沸かして塩（分量外）を加え、マカロネス・デ・ウンジャを入れて、静かに沸騰する火加減で3分ほどゆでる。
＊ひとつ食べてゆで加減を確認すること。
2. マカロネス・デ・ウンジャの湯をきる。
3. 器に盛りつけ、ペコリーノをふりかける。ソースをかけ、バジルの葉をあしらう。

MARIA'S SAGNE WITH MUGNULI BROCCOLI AND TOMATO SAUCE

—

マリアおばあちゃんの
サーニェ
ムニューリとトマトのソース

イタリアの「かかと」に位置するプーリア州のレッチェ。この街でずっと暮らしてきたマリアおばあちゃんが、パスタを作りはじめたのは13歳の時。お手伝いのひとつだったそう。「家族が食べるパンを焼いてもらうために、生地をパン屋に持っていくのも私の仕事だったわ。母が仕込んだ16kgもの生地を長板にのせて背負い、週に1回、パン屋さんまで運んだの。この量で、家族8人の1週間のパンになったのよ」と、懐かしそうにマリアおばあちゃんは語ってくれました。

彼女が作ってくれたのは、地元のサレント地方特有の野菜「ムニューリ」が主役のパスタ。プーリア州といえば「チーマ・ディ・ラーパ」という、かぶの菜の花が知られていますが、これによく似ています。茎ブロッコリーにも似ていますが、蕾は小さくてあまり密生していません。これは、春先の数週間だけのとっておきのレシピ。あわせるパスタは、「サーニェ」。田舎風のタリアテッレかフェットゥチーネといったところですが、もっと短くて、生地に卵は使いません。

材料（4人分）

❦サーニェ
セモリナ粉（細挽き）…400g
ぬるま湯（人肌程度）…1カップ
塩…小さじ½
＊湯量は生地の状態によって微調整すること。

❦ムニューリとトマトのソース
完熟トマト（風味の強いもの／乱切り）…6個分
ムニューリ（または菜の花か茎ブロッコリー）…400g
エキストラ・バージン・オリーブオイル…大さじ3～4
玉ねぎ（スライス）…1個分
塩…適量

❦仕上げ
リコッタ・サラータ（すりおろす）…適量
唐辛子入りオリーブオイル（ピカンテオイル）…適宜

作り方

Step 1. サーニェを作る
1.パスタ生地を作り（P.20）、よく絞った濡れ布きんをかぶせて30分休ませる。
2.生地を厚さ2～3mmの円形にのばす。半分にたたみ、端から2cm幅に切り分ける。
3.生地を帯状に広げ、長さ10cmに切り分ける。切った生地は重ならないようにバットに並べ、よく絞った濡れ布きんをかぶせておく。残りの生地も同様に成形する。

Step 2. ムニューリとトマトのソースを作る
1.フライパンにオリーブオイルをひいて中火で熱し、玉ねぎを入れてうっすら色づいてくるまで炒める。トマトを加えてかき混ぜ、弱火で20分ほど煮込む。
2.トマトが煮崩れてどろっとしたソース状になったら、塩で味をととのえる。
3.ムニューリを加え、さらに15～30分ほど弱火で煮込む。途中、煮詰まりすぎたら水（分量外）を加え、ムニューリがクタクタになるまで煮込む。
＊ムニューリは歯ごたえが残る程度に仕上げたい気持ちを我慢して、クタクタになるまで煮てください。そうすることで、パスタにしっかりとからみます。

Step 3. 仕上げる
1.大鍋に湯を沸かして塩（分量外）を加え、サーニェを入れて、静かに沸騰する火加減で5分ほどゆでる。
＊1本食べてゆで加減を確認すること。
2.サーニェの湯をきり、Step 2のフライパンに入れてソースとからめる。
3.器に盛りつけ、リコッタ・サラータをたっぷりかけ、好みにあわせて唐辛子入りオリーブオイルをかける。

MASSIMINA'S CULURGIONES WITH TOMATO SAUCE

マッシミーナおばあちゃんの クルルジョネス トマトソース

「クルルジョネス」は、サルデーニャ伝統の詰めものパスタ。島の南東部エスカラプラーノ村では「クリクシオニーズィ・ア・スピゲッタ」と呼ばれています。スピゲッタとは「穂」を意味し、閉じ目を麦の穂に見立てて編み込むのが名前の由来。呼び名や大きさ、詰める具材は村ごとに異なりますが、マッシュポテトは必ず入ります。クルルジョネスは収穫時期のおわりや、死者の日（11月2日）など特別な日に作られるパスタで、友情の印としてふるまわれます。

この本で取りあげているのは、65歳以上のおばあちゃんとおじいちゃんですが、エスカラプラーノ村出身のマッシミーナおばあちゃんからパスタ作りを伝授してもらったガイアに、このレシピを教えてもらいました。ガイアは若いのに、クルルジョネス作りの名人（ちなみにP.123のジュジーもガイア同様に腕を磨いてエントリー）。「手で波縫いするように、ひだを寄せて包んでいくのよ。根気強く、ていねいにね」と、おばあちゃんにいわれながら、作り方をマスターしたそう。

このレシピはクルルジョネス50個分ほど。メインディッシュとして、たっぷり10人前はあります。この分量で作って、2度に分けて使ってもよいでしょう。その場合、次にまわす分は冷凍し、使う際には解凍せず、そのままゆでてください。

材料（たっぷり10人分／クルルジョネス約50個分）

✿クルルジョネスの生地
セモリナ粉（細挽き）…1kg
水…450〜500ml
エキストラ・バージン・オリーブオイル…大さじ1
塩…小さじ2
＊水量は生地の状態によって微調整すること。

✿フィリング
じゃがいも…1kg
ペコリーノ・サルド（マトゥーロ［熟成タイプ］／細かくすりおろす）…100g
ペコリーノ・サルド（フレスカ［ドルチェ、フレッシュタイプ］／細かくすりおろす）…200g
シェーブルチーズ（フレッシュタイプでソフトタイプ）…200g
ミント（粗みじん切り）…大さじ4
卵（溶きほぐす）…1個分
にんにく（塩ひとつまみをふってみじん切り）…2片分
エキストラ・バージン・オリーブオイル…大さじ4
サフラン（パウダー）…ひとつまみ

✿トマトソース
パッサータ（トマトピュレ）…1kg
玉ねぎ（粗みじん切り）…1個分
エキストラ・バージン・オリーブオイル…大さじ3〜4
バジルの葉…20g
塩…小さじ½

✿仕上げ
バジルの葉…適量
ペコリーノ・サルド（すりおろす）…適宜

作り方

Step 1. クルルジョネスの生地を作る

1.パスタ生地を作り（P.20）、よく絞った濡れ布きんをかぶせて30分休ませる。

＊このレシピではオリーブオイルを加えます。オリーブオイルなしに作る場合もありますが、マッシミーナおばあちゃん秘伝のレシピには、オリーブオイルは欠かせません。

Step 2. トマトソースを作る

1.鍋にオリーブオイルをひいて中火で熱し、玉ねぎを入れてうっすら色づくまで炒める。

2.パッサータとバジルを加え、塩で味をととのえる。ひと煮立ちしたら火を弱め、弱火で30分ほど煮込む。

Step 3. フィリングを作る

1.じゃがいもは皮をむいて4つ切りにし、弱火〜中火で15分ほどゆでる。水気をきってボウルに入れ、熱いうちにマッシャーなどでつぶし、粗熱を取る。

2.フィリングの残りの材料をすべて加え、手でこねるようによく混ぜる。

Step 4. クルルジョネスを作る

1.Step 1の生地を厚さ2mmほどの円形にのばし、直径8cmの丸型で抜く。生地が乾燥しないよう、よく絞った濡れ布きんをかけておく。

＊パスタマシンを使ってもOKです。

2.Step 3のフィリングを直径3cmほどに丸め、1のそれぞれの生地の中央にのせる。

3.2を左手（右手がきき手の場合）で包むように持ち、右手の親指と人差し指で編み込むようにして口を閉じていく（P.66）：まずは、右手の指先側の生地の縁を少しフィリングにかぶせ、閉じはじめとする。そこから左右の生地を交互に少しずつかぶせ、その都度、フィリングに軽く押し込むようにする。閉じおわりは生地を2本の指でつまみ、指をこすりあわせるようにして少し尖らせ、しっかり閉じる（P.67左上）。残りの生地も同様に成形する。

＊うまく包めるようになるには慣れが必要です。形がいびつでも味はおいしいまま！ 挑戦あるのみです！

Step 5. 仕上げる

1.大鍋に湯を沸かして塩（分量外）を加え、クルルジョネスを入れて、浮きあがってくるまで静かに沸騰する火加減でゆでる。

＊量が多いので、数回に分けてゆでます。

2.クルルジョネスの湯をきり、Step 2の鍋に入れてソースとあえる。

3.器に盛りつけてバジルの葉をあしらい、好みでペコリーノをふりかける。

FELICA'S BASIL PASTA WITH AUBERGINE SAUCE

—

**フェリカおばあちゃんの
シャラティエッリ
なすとトマトのソース**

フェリカおばあちゃんは、イタリア南部アマルフィ海岸のプライアーノ村で、雑貨店を営んでいます。得意料理は、ご当地発祥のパスタ「シャラティエッリ」。タリアテッレに似ていますが、もっと短くて厚みもあります。バジルを練り込んだこのパスタを、揚げなすとトマトソースであえた料理は、家族全員のお気に入りなのだとか。

このレシピに欠かせない食材は、「プロヴォラ・アフミカータ」。これはスモークタイプのモッツァレラチーズで、ソースに溶けると糸状になって絶品の味わいです。手に入らなければ、スカモルツァ・アフミカータか、ブッラータで代用しても。ブッラータだと風味が変わりますが、違ったおいしさに仕上がります。あるいは、モッツァレラチーズを裂き、生クリームとあえてもよいでしょう。

材料（4人分）

❖シャラティエッリ

00粉（または強力粉＋中力粉）…200g

セモリナ粉（細挽き）…200g

卵（溶きほぐす）…3個分

牛乳…大さじ3

エキストラ・バージン・オリーブオイル…大さじ1

バジル（粗みじん切り）…大さじ4

＊生地の状態によって粉の量を微調整すること。

❖なすとトマトのソース

米なす…1本

完熟トマト（風味の強いもの）…400g

エキストラ・バージン・オリーブオイル…大さじ2

玉ねぎ（みじん切り）…小1個分

植物油、塩…各適量

❖仕上げ

プロヴォラ・アフミカータ（またはスカモルツァ・アッフ
ミカータかブッラータ／角切り）…200g（1個分）

バジルの葉…ひとつかみ

パルミジャーノ・レッジャーノ（すりおろす）…大さじ2

作り方

Step 1. シャラティエッリの生地を作る

1.粉2種をこね台の上に広げてよく混ぜあわせ、中
央にくぼみを作る。

2.くぼみに卵を入れ、牛乳、オリーブオイル、バジ
ルを加え、フォークで混ぜながら少しずつ粉と水分
をなじませていく。

3.全体に水分が行き渡ったら、こねはじめる。なめ
らかになり、表面につやがでてきたらこねあがり。よ
く絞った濡れ布きんをかぶせて30分休ませる。

Step 2. なすとトマトのソースを作る

1.なすは皮をむき、2cm大の角切りにする。ザルに
入れて軽く塩をふり、30分おいてアクを抜く。さっと

水ですすぎ、キッチンペーパーで水気をふき取る。

＊なすの苦味が気にならなければ、このアク抜きの
工程は省いてもよいでしょう。

2.トマトは皮をむき（P.52）、乱切りにする。

3.大きなフッ素樹脂加工のフライパンに植物油をひ
いて中火～強火で熱し、1のなすを重ならないよう
に入れ、全体に焼き色がつくまでこまめに炒める。

＊フライパンになすが入りきらない場合は、数回に
分けて炒めます。また、なすは油をどんどん吸ってし
まいますが、途中で油をつぎ足さないこと。

4.別のフライパンにオリーブオイルをひいて中火で
熱し、玉ねぎを入れてうっすら色づくまで炒める。2
のトマトを加え、どろっとしたソース状になるまで弱
火で20分ほど煮込む。

＊途中、煮詰まりすぎたら、水（分量外）を加えます。

Step 3. シャラティエッリを作る

1.こね台にこまめに打ち粉（分量外）をしながら、
Step 1の生地を厚さ2mmほどの円形または長方形
にのばす。

2.生地をカーペットのように巻き、端から約1cm幅
に切り分ける。切った生地は互いにくっつかないよ
う、ほぐしておく。

Step 4. 仕上げる

1.大鍋に湯を沸かして塩（分量外）を加え、シャラティ
エッリを入れて、静かに沸騰する火加減で2～3分
ゆでる。

＊ソースの濃度を調整するため、ゆで汁（レードル1
杯分程度）は捨てずに取っておきます。

2.シャラティエッリの湯をきり、Step 2-4のフライパン
に入れて、ソースとからめる。

＊ゆで汁を加えて濃度を調整します。

3.Step 2-3のなすとプロヴォラ・アフミカータを加
え、全体をあえる。

4.器に盛りつけ、バジルの葉をあしらい、パルミジャー
ノをふりかける。

MARIA LUISA AND MENA'S FETTUCCINE WITH ARTICHOKES

—

**マリア＝ルイザ＆メナ
おばあちゃんの
フェットゥチーネ
アーティチョークのソース**

マリア＝ルイザとメナは義理の姉妹。性格は正反対ですが、固い友情で結ばれています。ふたりが暮らすローマ郊外の市場では、4〜5種類のアーティチョークが販売されています。マリア＝ルイザおばあちゃんは、慣れた手つきでアーティチョークをむいていきます。切ったそばから切り口にレモンをこすりつけ、レモン水にドボン。アーティチョークは変色しやすいので、こうして変色を防ぐのです。

イタリア語で「小さなリボン」を意味する「フェットゥチーネ」は、ローマっ子が大好きなパスタ。このロングパスタは、中部から南部にかけての地域で作られます。一方、「タリアテッレ」はエミリア＝ロマーニャ州とマルケ州が発祥。これらは同じような形状ですが、フェットゥチーネはタリアテッレよりやや幅広で、若干厚め。とはいえ、家庭ではそんなことは気にしません。このふたつのパスタ料理のソースは交換してもよいでしょう。

材料（4人分）

❖**フェットゥチーネ**
00粉（または強力粉＋中力粉）…400g
卵…4個
エキストラ・バージン・オリーブオイル…大さじ1
＊生地の状態によって粉の量を微調整すること。

❖**アーティチョークの下拵え用**
レモン汁…1個分
レモン…½個
水…適量

❖**アーティチョークのソース**
アーティチョーク…1.5kg（正味約700g）
グアンチャーレ（またはパンチェッタ）…200g
エキストラ・バージン・オリーブオイル、水、塩…各適量

❖**仕上げ**
ペコリーノ・ロマーノ（すりおろす）…50g

作り方

Step 1. フェットゥチーネを作る
1.パスタ生地を作り（P.18）、よく絞った濡れ布きんをかぶせて30分休ませる。
＊このレシピではオリーブオイルを加えます。オリーブオイルを加えることで、風味が増します。

2.生地を厚さ2mmほどにのばす。
3.生地の表面に打ち粉（分量外）をしてカーペットのように巻き、端から約1cm幅に切り分ける。生地を軽くふってほぐし、しっかり打ち粉（分量外）して、ソースを作る間、休ませる。

Step 2. アーティチョークの下拵えをする
1.それぞれの茎を切り落とし、外側のガクを1枚ずつ白くやわらかい部分がでるまでむく。
2.上部から3分の1ほどのつぼみ部分を切り落とし、芯の中のふわふわした部分をスプーンでかきだす。
3.表面にレモンの切り口をこすりつけ、レモン水につける。
＊レモン水は、アーティチョークにかぶるくらいの水にレモン汁を加えて作ります。

Step 3. アーティチョークのソースを作る
1.Step 2のアーティチョークをできるだけ薄くスライスし、切ったそばからレモン水に戻す。すべて切りおわったら、ザルにあげて水気をきる。
2.フライパンにアーティチョークを入れ、ひたひたの水を加え、塩をする。蓋をして弱火にかけ、やわらかくなるまで10〜15分蒸し煮にする。
3.グアンチャーレを、肉と脂肪分がバランスよく入るようにしながら、拍子木切りにする。大きなフッ素樹脂加工のフライパンに入れ、弱火で焦がさないように注意しながらカリカリになるまで炒める。

4.2のアーティチョークの半量をフードプロセッサーの中速にかけ、クリーミーなペースト状にする。
5.4を2のフライパンに戻し、オリーブオイルをまわしかけて混ぜる。フェットゥチーネをゆでている間、弱火にかけておく。

Step 4. 仕上げる
1.大鍋に湯を沸かして塩（分量外）を加え、フェットゥ

チーネを入れて、静かに沸騰する火加減で2〜3分ゆでる。途中で、ゆで汁（レードル1杯）をStep 3-2のフライパンに加えてソースと混ぜる。
2.フェットゥチーネの湯をきり、Step 3-2のフライパンに入れ、Step 3-3のグアンチャーレを、炒めた時にでた脂（大さじ1程度）と一緒に加え、ペコリーノの一部を加えて全体をからめる。
3.器に盛りつけ、残りのペコリーノをふりかける。

GIUSEPPINA'S PICI WITH GARLIC TOMATO SAUCE

ジュゼッピーナおばあちゃんの ピーチ ガーリックトマトソース

トスカーナ州の村、チェッレ・スル・リーゴに暮らすジュゼッピーナおばあちゃんは93歳。この村で1969年から続く「ピーチ祭り」の発起人のひとり。財政難の村の楽団を支援するために、郷土のパスタ「ピーチ」を祝うこの祭りが誕生したそうです。ソースには、地元産のにんにくを使います。その当時、こうした質素な料理を称えるのは珍しいことでした。今日では、大勢の参加者のために、800kgもの小麦粉が使われます。ジュゼッピーナおばあちゃんは、ピーチ作りをお姑さんから教わりました。太さが特徴で、手延べで1本ずつ長くのばしていきます。この村から100km離れたウンブリア州では、「ウンブリチェッリ（P.76）」と呼ばれ、生地に卵が入りません。

材料（4人分）

✤ピーチ
00粉（または強力粉＋中力粉）…400g
卵…1個
水…165ml
塩…ひとつまみ
セモリナ粉（ピーチにまぶす）…適量
＊生地の状態によって粉の量を微調整すること。

✤ガーリックトマトソース
トマトペースト…大さじ2
ホールトマト（缶詰／できればサンマルツァーノ種）…1缶（400g）
にんにく（芽がでていないもの／皮はむかずに丸ごと）…5片
水…1カップ
赤唐辛子（生／3つに切る）…1本分
エキストラ・バージン・オリーブオイル、塩…各適量

作り方

Step 1. ガーリックトマトソースを作る

1.小鍋に鍋底から5mmほどの高さになるまでオリーブオイルを入れて弱火で熱し、にんにくを加えて15分ほどじっくり揚げるように炒める。焦げないよう注意しながら、にんにくがスプーンでつぶせるくらいやわらかくなったら、唐辛子を加えてさっと炒める。
2.トマトペーストを加えて混ぜ、オリーブオイルとなじませる。ホールトマトと水を加え、トマトをスプーンで崩しながら全体を混ぜる。塩で味をととのえ、と

ろ火で濃厚なソース状になるまで2時間ほど煮込む。
＊途中、煮詰まりすぎたら水（分量外）を加えます。
3.ハンドブレンダーの中速で撹拌し、にんにくと唐辛子をつぶす。

Step 2. ピーチを作る

1.パスタ生地を作り（P.18）、よく絞った濡れ布きんをかぶせて30分休ませる。
2.生地をひとつかみ取り、厚さ5mm×縦12cmほどの長方形にのばし、端から1cm幅の帯状に切り分ける。
3.生地を横長に置き、指先を水で湿らせ、生地を前後に転がしながら直径3mm×長さ40cmほどのロープ状にのばす。残りの生地も同様に成形する。
＊生地の中央に左右の指先をのせて転がしはじめ、徐々に外側に向かって両手の間隔を離していくようにしてのばしていきます。
4.ボウルにセモリナ粉を入れ、成形した生地をくぐらせてまぶし、生地どうしがくっつかないようにしておく。ボウルがいっぱいになったら、バットに広げる。

Step 3. 仕上げる

1.大鍋に湯を沸かして塩（分量外）を加え、ピーチを入れて、静かに沸騰する火加減で2分ほどゆでる。
＊1本食べてゆで加減を確認すること。
2.ピーチの湯をきってサラダボウルに入れ、Step 1のソースをかけてしっかりからめ、器に盛りつける。
＊伝統的にチーズをかけずにいただきます。

LUCIANA'S UMBRICELLI WITH 'FAKE RAGÙ'

ルチアーナおばあちゃんの
ウンブリチェッリ
スーゴ・フィント

ルチアーナおばあちゃんはチャーミングで堅実な女性。ウンブリア州で農業を営む傍ら、自家用に鶏を飼い、野菜を育て、ワインとオリーブオイルを手造りしています。旦那様にプロポーズされた時、指輪ではなくオリーブの木をおねだりしたのだとか。彼女のキッチンでは何ひとつ無駄にしません。たとえば、パスタ生地をこねたあと、こね台についた生地のクズは、ていねいにこそげて鶏の餌にします。
ご当地パスタ「ウンブリチェッリ」は、お隣トスカーナ州の「ピーチ（P.75）」によく似た手延べの極太麺。ルチアーナおばあちゃんがこのパスタにあわせるのは、にんにく、イタリアンパセリ、チーズのシンプルなトマトソース。この野菜のラグーは肉が入らないので、「スーゴ・フィント（偽物のラグー）」と呼ばれています。

材料（4人分）

♣ウンブリチェッリ
0粉（または強力粉＋中力粉）…400g
ぬるま湯（人肌程度）…1カップ
塩…ひとつまみ
＊湯量は生地の状態によって微調整すること。

♣スーゴ・フィント
パッサータ（トマトピュレ）…500g
にんにく（みじん切り）…2片分
エキストラ・バージン・オリーブオイル…大さじ3
白ワイン…175ml
イタリアンパセリ（粗く刻む）…大さじ山盛り1
塩…ひとつまみ

♣仕上げ
ペコリーノ・ロマーノ（またはパルミジャーノ・レッジャーノ／すりおろす）…50g

作り方

Step 1. ウンブリチェッリを作る
1.パスタ生地を作り（P.20）、よく絞った濡れ布きんをかぶせて10分休ませる。
＊卵が入らないので、かなりやわらかい生地に仕上がります。「生地が乾燥しやすいので、涼しい部屋で作るのがおすすめよ」とルチアーナおばあちゃん。
2.生地を親指大にちぎり、前後に転がしながら左右に長くのばし、直径5mm〜1cm、長さ20〜40cmのロープ状にする。
＊生地の中央に左右の指先をのせて転がしはじめ、徐々に外側に向かって両手の間隔を離していくようにして転がします。のばしている途中、長すぎるようであれば半分に切ってもよいでしょう。また、残りの生地と、のばしおわった生地によく絞った濡れ布きんをかぶせ、乾燥しないようにしておきます。

Step 2. スーゴ・フィントを作る
1.鍋にオリーブオイルをひいて中火で熱し、にんにくを入れてほどよく色づくまで炒める。ワインを加え、ひと煮立ちさせる。
2.パッサータと塩、イタリアンパセリを加え、蓋をして弱火で10分ほど煮込む。

Step 3. 仕上げる
1.大鍋に湯を沸かして塩（分量外）を加え、ウンブリチェッリを入れて軽くかき混ぜ、浮かびあがってくるまで静かに沸騰する火加減でゆでる。
2.ウンブリチェッリの湯をきり、サラダボウルに入れる。Step 2のスーゴ・フィントを加えてからめ、ペコリーノをふりかけてあえ、器に盛りつける。

LAURA'S PIZZOCCHERI FROM VALTELLINA

ロウラおばあちゃんの
ピィッツォケッリ ヴァルテッリーナ風

北西部のロンバルディア州の最北部、ヴァルテッリーナ地方の名物は、ソバ粉の短冊状のパスタ「ピィッツォケッリ」。伝統的に、じゃがいも、ちりめんキャベツ、溶かしチーズとあわせ、ガーリックバターソースをかけていただきます。このパスタの普及を目的とした協会「ピィッツォケッリ・アカデミア」は、毎年「ピィッツォケッリ祭り」を開催しています。ここで紹介するのは、この協会のロウラおばあちゃんが教えてくれた正統派レシピ。地元特産のチーズ、「ヴァルテッリーナ・カゼーラ」を使うのがベストですが、この地のビットやフォンティーナ、グリュイエール、エメンタールなどで代用してもよいでしょう。

材料（6〜8人分）

❖ピィッツォケッリ
ソバ粉（細挽き）…400g
00粉（または強力粉＋中力粉）…100g
塩…小さじ½
水…300ml
＊水量は生地の状態によって微調整すること。

❖ガルニチュール
じゃがいも（皮をむき、3cm大の角切り）…200g
ちりめんキャベツ（粗い千切り）…200g

❖バターソース
バター（食塩不使用）…100g
にんにく（スライス）…2片分

❖仕上げ
ヴァルテッリーナ・カゼーラ（D.O.P／削る）…250g
パルミジャーノ・レッジャーノ（またはグラナ・パダーノ／すりおろす）…100g
＊ヴァルテッリーナ・カゼーラはビット、フォンティーナ、グリュイエール、エメンタールで代用しても。

作り方

Step 1. ピィッツォケッリを作る
1.粉2種をこね台に広げ、塩を加えてよく混ぜ、中央にくぼみを作る。くぼみに少しずつ水を注ぎながら指先で混ぜ、粉と水分をなじませていく。
2.全体に水分が行き渡ったら、こねはじめる。生地が手や台につかなくなり、やわらかくなめらかになればこねあがり。

＊生地をこねる際は、こまめに打ち粉（分量外）をします。この生地は休ませる必要はありません。
3.生地を2〜3つに切り分け、厚さ2〜3mmの円形にのばす。
4.生地を7〜10cm幅の帯状に切って重ね、端から5〜6mm幅の短冊状に切り分ける。残りの生地も同様に成形する。

Step 2. ガルニチュールとピィッツォケッリをゆでる
1.寸胴鍋に湯を沸かして塩（分量外）を加え、じゃがいもを入れて中火で2〜3分ゆでる。キャベツを加えてさらに5分ゆで、ピッツォッケリを入れてさらに3〜6分ゆで、湯をきる。
＊1本食べてゆで加減を確認すること。

Step 3. バターソースを作る
1.フライパンにバターを入れて弱火で熱し、にんにくを入れ、きつね色になるまで炒める。

Step 4. 仕上げる
1.Step 2のガルニチュールとピィッツォケッリの一部を耐熱皿に広げる。
＊大きな耐熱皿（縦40×横30×高さ7cmほど）が理想的ですが、手持ちの耐熱皿を2枚使ってもOK。耐熱皿は人肌くらいに温めておくとよいでしょう。
2.1の上にヴァルテッリーナとパルミジャーノをまんべんなくふりかける。
3.耐熱皿の深さにあわせて1〜2を繰り返して層にし、最後はチーズでおえるようにする。
4.Step 3のバターソースを熱々に温め直し、全体にかける。

ROSA'S 'STRAW' AND 'HAY' TAGLIATELLE WITH PEAS

—

ローザおばあちゃんの2色のタリアテッレ "パーリア・エ・フィエノ" グリーンピースのソース

材料（4人分）
♣ "麦わら" のタリアテッレ（黄色の生地）
00粉（または強力粉＋中力粉）…200g
卵…2個
＊生地の状態によって粉の量を微調整すること。

♣ "干し草" のタリアテッレ（緑の生地）
00粉（または強力粉＋中力粉）…200g
卵…2個
ほうれん草…50g
＊生地の状態によって粉の量を微調整すること。

♣ グリーンピースのソース
グリーンピース（生または冷凍）…200g
パッサータ（トマトピュレ）…250g
エキストラ・バージン・オリーブオイル…大さじ3
パンチェッタ（生ベーコン／拍子木切り）…50g
玉ねぎ（粗みじん切り）…大1個分
水、塩…各適量

♣ 仕上げ
パルミジャーノ・レッジャーノ（すりおろす）…適量

作り方
Step 1. 2種のタリアテッレの生地を作る
1.2種のタリアテッレの生地をそれぞれ作り（P.18）、ラップに包んで30分休ませる。
＊ "干し草" のタリアテッレでは、ほうれん草と卵をハンドブレンダーの低速にかけて液状にし、粉のくぼみに入れて混ぜます。

Step 2. グリーンピースのソースを作る
1.フライパンにオリーブオイルをひいて中火で熱し、パンチェッタを炒める。脂がでてきたら玉ねぎを加

え、玉ねぎがうっすら色づくまで炒める。
2.グリーンピースとパッサータ、水（コップ1杯）を加えてかき混ぜ、塩で味をととのえる。ひと煮立ちさせたら中弱火にして、どろっとしたソース状になるまで煮詰める。

Step 3. 2種のタリアテッレを作る
1.Step 1の2種の生地をそれぞれ厚さ2mmの大きな円形状にのばす。
2.2種の生地をそれぞれカーペットのように巻き、端から約7mm幅に切り分ける。切った生地はふってほぐしておく。
＊生地がべたつく場合、打ち粉（分量外）をします。おばあちゃんは2種の生地を重ねて巻いて切りますが（P.81左上）、別々に巻いて切った方が簡単。
3.2種の生地を一緒に、両手で下からあおるように空気を含ませながらほぐして混ぜ（P.81右上）、1人分ずつに分けてまとめる（P.81右下）。

Step 4. 仕上げる
1.大鍋に湯を沸かして塩（分量外）を加え、タリアテッレを入れて、静かに沸騰する火加減で2～3分ゆでる。ゆで汁（レードル2～3杯分）は捨てずに取っておく。
2.タリアテッレの湯をきり、Step 2のフライパンに入れ、ゆで汁を加えて濃度を調整し、タリアテッレにソースがからむようにあえる。
3.器に盛り、パルミジャーノをたっぷりふりかける。

「パーリア・エ・フィエノ」は、「麦わらと干し草」という意味。その名のイメージどおり2色のタリアテッレで、卵とほうれん草で作ります。

PINA'S CURZUL WITH SHALLOT SAUCE

ピナおばあちゃんの クルズゥル エシャロットソース

「クルズゥル」は、エミリア・ロマーニャ州ファエンツァ周辺で食べられている、断面が四角いロングパスタ。クルズゥルとは、この地方の方言で、「靴紐」または「法服のベルト紐」という意味です。このパスタには、地元産のエシャロットをあわせるのが一般的。

この伝統的なパスタを作ってくれたピナおばあちゃんは、広大なキウイ畑に囲まれた田園地帯に暮らしています。パスタ作りをはじめたのは9歳の時。とても寡黙なおばあちゃんなので、彼女に関する情報はこれがすべてです。

このパスタ料理のソースは、あくまでもエシャロットが主役。ソーセージは風味をだすために少しだけ使います。

材料（4人分）

♣クルズゥル

00粉（または強力粉＋中力粉）…400g
卵…4個
＊生地の状態によって粉の量を微調整すること。

♣エシャロットソース

エシャロット（みじん切り）…大6個分（約500g）
エキストラ・バージン・オリーブオイル…大さじ3
サルシッチャ（生ソーセージ／皮を取り除く）…2本
白ワイン…125ml
パッサータ（トマトピュレ）…300g
赤唐辛子（パウダー）…ひとつまみ
塩、こしょう…各適量

作り方

Step 1. エシャロットソースを作る

1.フライパンにオリーブオイルをひいて中火で熱し、エシャロットを入れてしんなりするまで数分炒める。
2.サルシッチャを加え、崩しながら軽く焼き色がつくまでさらに炒める。
3.赤唐辛子とワインを加え、木べらでフライパンの底をこそげながらかき混ぜ、ひと煮立ちさせる。
4.パッサータを加えて、どろっとしたソース状になるまで弱火で煮込む。途中で味見をし、塩とこしょうで味をととのえる。
＊サルシッチャはかなり塩がきいているものもあるので、必ず味見をして塩加減を調整してください。

Step 2. クルズゥルを作る

1.パスタ生地を作り（P.18）、よく絞った濡れ布きんをかぶせて30分休ませる。
＊ポリ袋に入れてもOK。
2.生地を厚さ2～3mmにのばし、表面に打ち粉（分量外）をしっかりふる。
3.生地をカーペットのように巻き、よく切れる包丁で端から約3mm幅に切り分ける。切った生地はふってほぐし、広げて少し乾かしておく。

Step 3. 仕上げる

1.大鍋に湯を沸かして塩（分量外）を加え、クルズゥルを入れ、静かに沸騰する火加減で2～3分ゆでる。
＊1本食べてゆで加減を確認すること。
2.クルズゥルの湯をきり、サラダボウルに入れる。Step 1のソースを加えてからめる。
3.器に盛りつける。
＊ファエンツァの人々はエシャロットの風味が大好き。エシャロットが主役のソースなので、伝統的にチーズをかけずにいただきますが、好みでパルミジャーノ・レッジャーノをかけても。

MARICA'S STRAPPONI WITH PORCINI MUSHROOMS

マリカおばあちゃんの ストラッポーニ ポルチーニ茸風味のソース

トスカーナ州の秘境とも呼ばれるガルファニャーナ地方は、山地に囲まれたひなびたエリア。この地はポルチーニ茸の宝庫というだけでなく、ミントに似たハーブ「カラミンサ・ネペタ」が自生しています。それらを使ったソースにあわせるのは、「ストラッポーニ」と呼ばれるパスタ。生地をのばしたら、そのまま手で裂いてゆでていくので、初心者に打ってつけです。

このレシピを教えてくれたのは、マリカおばあちゃん。カステルヌオーヴォ・ディ・ガルファニャーナにある農家民宿「アグリトゥーリズモ・ヴェントゥーロ」で料理を作っています。生のポルチーニ茸が手に入らないなら、乾燥か冷凍、あるいは好きな生のきのこをミックスして使ってください。

材料（4人分）

♣ ストラッポーニ
00粉（または強力粉＋中力粉）…400g
卵…4個
*生地の状態によって粉の量を微調整すること。

♣ ポルチーニ茸風味のソース
ポルチーニ茸（できれば生／または冷凍か乾燥、あるいは好きな生のきのこ／スライス）…500g
エキストラ・バージン・オリーブオイル…大さじ4
にんにく…2片
ミント（できればカラミンサ・ネペタ／みじん切り）…大さじ3
水…½カップ
塩…ひとつまみ

作り方

Step 1. ストラッポーニを作る

1.パスタ生地を作り（P.18）、よく絞った濡れ布きんをかぶせて30分休ませる。
2.生地を厚さ2〜3mmにのばし、めん棒に巻きつけ、ゆでるまでそのままにしておく。

Step 2. ポルチーニ茸風味のソースを作る

1.にんにくの1片をみじん切りにする。
*もう1片はまるごと使います。
2.大きなフライパンにオリーブオイルをひいて弱火で熱し、にんにくをすべて入れ、ミントを加えてにんにくの香りがでるまで炒める。
3.ポルチーニ茸を加え、しんなりするまでさらに炒める。
4.塩と水を加え、水分をとばすように炒め煮にし、ポルチーニ茸にきれいな焼き色がつくまでさらに炒める。

Step 3. 仕上げる

1.大鍋に湯を沸かして塩（分量外）を加え、めん棒に巻きつけたストラッポーニをそのまま鍋の上に据え、手で適当な大きさにちぎりながら湯に落とし、静かに沸騰する火加減で2〜3分ゆでる。
*蒸気でやけどしないように注意！ この合理的なやり方がマリカおばあちゃん流ですが、事前に生地を好きな形にラフに手で裂いておいてゆでてもOK。生地の厚さに応じてゆで加減を確認しましょう。
2.ストラッポーニの水気をきり、Step 2のフライパンに入れてソースとからめる。
3.器に盛りつける。
*伝統的にチーズをかけずにいただきます。

Recipe 3

Pulses

豆のパスタ

イタリアのどの地方にも、豆を使ったパスタ料理が存在します。気取らない日々の豆料理
は、それを作るおばあちゃんたちのように味わい深く、ぬくもりにあふれています。

ADA'S TAGLIOLINI AND BEAN SOUP

アダおばあちゃんの
アブルッツォ風タリオリーニ
ボルロッティ豆のスープ

中部のアブルッツォ州に暮らす、アダおばあちゃんのこのレシピは、完全にスープ。そしてこの「タリオリーニ」は、おなじみの長いリボン状ではなく、もっと短くてずんぐりしています。形状の異なるパスタに同じ名前がついているのは、よくあることです。

豆のスープのベースは、「スーゴ・フィント（偽物のラグー）」。つまり「肉の入らないラグー」を意味しますが、アダおばあちゃんは、にんにくと一緒にパンチェッタを炒め、脂ごと豆と一緒に煮るので、セミ・スーゴ・フィントといったところ。そして、もうひとつの秘密の食材は、自家製のローズマリーパウダー。ローズマリーの小枝をカラカラになるまで天日干しにして、葉をミルで粉末にして作ります。

材料（6人分）

❖タリオリーニ
00粉（または強力粉＋中力粉）…300g
卵（溶きほぐす）…1個分
水…90ml
＊生地の状態によって粉の量を微調整すること。

❖ボルロッティ豆のスープ
ボルロッティ豆（うずら豆／乾燥）…150g
水…750ml（浸水用）＋750ml（下ゆで用）
玉ねぎ（粗みじん切り）…1個分
にんじん（さいの目切り）…1本分
パッサータ（トマトピュレ）…400g
ローリエ…3枚
ローズマリー（パウダー）…大さじ1
パンチェッタ（生ベーコン／拍子木切り）…100g
にんにく（皮をむいて丸ごと）…1片
エキストラ・バージン・オリーブオイル、塩…各適量
＊ボルロッティ豆は、水煮を使う場合、300g用意。

❖仕上げ
パルミジャーノ・レッジャーノ（すりおろす）…適量

作り方

Step 1. ボルロッティ豆を下拵えする（前日から当日）
1.乾燥豆は浸水させて戻したあと、やわらかくなるまで弱火で45〜60分ゆで、水気をきる。
＊P.100 Step 1参照（ここでは玉ねぎは不要）。

Step 2. タリオリーニを作る
1.こね台に粉を盛ってくぼみを作り、くぼみに卵を入れる。フォークで混ぜて徐々に粉と卵をなじませ、水の半量を加えてさらに混ぜあわせていく。生地の状態を見ながら、残りの水を少しずつ加える。
2.生地に粉っぽさがなくなり、全体がひとつにまとまったら、こねはじめる。なめらかになり、表面につやがでてきたらこねあがり。よく絞った濡れ布きんをかぶせて30分休ませる。
3.打ち粉（分量外）をしたこね台の上で生地を厚さ2mmほどにのばし、長さ10cm×幅5mmほどの短冊状に切り分ける。切った生地はほぐして広げ、スープを作る間、休ませておく。

Step 3. ボルロッティ豆のスープを作る
1.フライパンにオリーブオイル（大さじ2）をひいて中火で熱し、玉ねぎとにんじんをしんなりするまで炒める。
2.パッサータ、ローリエ、ローズマリー、Step1の豆を加え、塩で味をととのえて全体をよくかき混ぜ、弱火にして10分ほど煮込む。
3.小鍋にオリーブオイル（適量）をひいて中火で熱し、にんにくを入れて軽く色づくまで炒めたらパンチェッタを加え、焦げないようにじっくり炒めて脂を引きだす。
4.パンチェッタからでた脂を2のフライパンに加え、パンチェッタは仕上げの段階まで取っておく。

Step 4. 仕上げ
1.大鍋に湯を沸かして塩（分量外）を加え、タリオリ

ーニを入れて、静かに沸騰する火加減で2分ほどゆでる。

2.タリオリーニがゆであがったら、仕上げたいスープの濃度に応じて、ゆで汁の半分〜2/3量を捨てる。

3.Step 3-2のスープを加え、中火でひと煮立ちさせる。

4.器に盛りつけ、Step 3-4で取っておいたパンチェッタとパルミジャーノをふりかける。

CESARINA'S PIACENZA-STYLE PASTA AND BEANS
—
チェザリーナおばあちゃんのピザレイ・エ・ファーゾ ボルロッティ豆のトマト煮込み

材料（6人分）
❖ピザレイ・エ・ファーゾ
00粉（または強力粉＋中力粉）…400g
パン粉（細目）…100g
肉のブイヨン（P.203／人肌に温めておく）…1カップ
＊生地の状態によってブイヨンの量を微調整すること。

❖ボルロッティ豆のトマト煮込み
ボルロッティ豆（うずら豆／乾燥）…175g
パッサータ（トマトピュレ）…300g
水…875ml（浸水用）＋875ml（下ゆで用）
ラルド（豚の背脂の塩漬け／または脂身の多いパンチェッタ）…75g
ローズマリーの葉…小枝2本分
玉ねぎ（みじん切り）…1個分
ローリエ…1枚
イタリアンパセリ（粗みじん切り）…ひとつかみ
ナツメグ（パウダー）、クローブ（パウダー）、こしょう…各ひとつまみ
エキストラ・バージン・オリーブオイル、塩…各適量
＊ボルロッティ豆は、水煮を使う場合、350g用意。

❖仕上げ
パルミジャーノ・レッジャーノ（すりおろす）…適量

作り方
Step 1. ボルロッティ豆を下拵えする（前日から当日）
1.乾燥豆は浸水させて戻したあと、やわらかくなるまで弱火で45〜60分ゆで、水気をきる。ゆで汁（レードル1杯ほど）は取っておく。
＊P.100 Step 1参照（ここでは玉ねぎは不要）。

Step 2. ピザレイ・エ・ファーゾを作る
1.粉とパン粉をこね台の上に広げてよく混ぜ、中央にくぼみを作る。くぼみに肉のブイヨンを少し加えてフォークでかき混ぜ、粉と水分をなじませる。これを繰り返しながら、徐々に粉と水分を混ぜあわせていく。
2.全体に水分が行き渡ったらひとまとめにし、こねはじめる。なめらかになり、表面につやがでてきたらこねあがり。生地をラップで包み、30分休ませる。
3.生地を直径5〜6cm取り、転がして直径1cmの棒状にのばしたら、端から1cm幅にちぎる。
4.生地に親指を押しあて、そのまま手前に引いてくるっと巻き込む。残りの生地も同様に成形する。よく絞った濡れ布きんをかぶせ、乾燥しないようにしておく。

Step 3. ボルロッティ豆のトマト煮込みを作る
1.ラルドとローズマリーを、よく切れる包丁で一緒にたたいてペースト状にする。
2.大きなフライパンにオリーブオイルと1のペーストを入れて中火で熱し、ラルドの脂がでてきたら、玉ねぎを加えてしんなりするまで炒める。
3.Step 1の豆と取っておいたゆで汁、残りの材料をすべて加え、15分ほど弱火で煮込む。

Step 4. 仕上げる
1.大鍋に湯を沸かして塩（分量外）を加え、ピザレイを入れて、浮かびあがってくるまで静かに沸騰する火加減でゆでる。
2.ピザレイの湯をきり、Step 3のフライパンに入れて豆のトマト煮込みとあえる。
3.パルミジャーノをふってひと混ぜし、器に盛る。

ボルロッティ豆のトマト煮込みとあえる「ピザレイ・エ・ファーゾ」。「ピザレイ」はエミリア＝ロマーニャ州ピアチェンツァの郷土パスタです。

CARMELA'S CAVATELLI RIGATI WITH BEANS FROM LECCE

**カルメラおばあちゃんの
カヴァテッリ・リガーティ
レッチェ風
カンネリーニ豆の煮込み**

カルメラおばあちゃんの一家は、プーリア州レッチェ郊外に農園を所有しており、様々な野菜や果実、馬や牛などの動物たちが出迎えてくれます。日曜日には家族のために、12人分のパスタを仕込むそう。このパスタと豆の煮込みは、一番の得意料理で、自分の畑で育てたカンネリーニ（白いんげん豆）を使います。
「カヴァテッリ・リガーティ」とは、「筋模様が入ったカヴァテッリ」という意味。ニョッキボードの上で生地をカールさせるため、見た目は筋入りのニョッキのよう。「子どもの頃のごちそうだったの。肉は高くて、うちでは手がでなかったから」というカルメラおばあちゃん。
パンチェッタの代わりに、贅沢にマグロのトロの缶詰を使うのもおすすめです。

材料（4〜6人分）

❖カヴァテッリ・リガーティ
セモリナ粉…400g
ぬるま湯（人肌程度）…180〜200ml
＊湯量は生地の状態によって微調整すること。

❖レッチェ風カンネリーニ豆の煮込み
カンネリーニ豆（白いんげん豆／乾燥）…200g
水…1ℓ（浸水用）＋1ℓ（下ゆで用）
玉ねぎ（4つ切り＆スライス）…各1個分
完熟トマト（乱切りにして刻む）…2個分
イタリアンパセリ（粗みじん切り）…ひとつかみ
エキストラ・バージン・オリーブオイル…大さじ2
パンチェッタ（生ベーコン／スモークでも可／拍子木切り）…100g
塩…適量
＊カンネリーニ豆は、水煮を使う場合、400g用意。

❖仕上げ
エキストラ・バージン・オリーブオイル…適量

作り方

Step 1. カンネリーニ豆を下拵えする（前日から当日）
1.乾燥豆は浸水させて戻したあと（P.100 Step 1-1）、水気をきり、玉ねぎ（4つ切り）、トマト、イタリアンパセリと一緒に鍋に入れ、水を加える。豆がやわらかくなるまで弱火で45〜60分ゆでる。途中、表面に泡状に浮いてくるアクを取り、吹きあがってきたら水（少量、分量外）を加える。ゆであがったら火からおろし、豆がゆで汁に入ったままにしておく。

Step 2. カヴァテッリ・リガーティを作る
1.パスタ生地を作り（P.20）、よく絞った濡れ布きんをかぶせて30分休ませる。
2.生地をひとつかみ取り、転がして直径1cmほどの棒状にのばし、端から2〜2.5cm幅に切り分ける。
＊カンネリーニ豆と同じくらいの大きさにします。
3.生地をニョッキボードの溝に対して横長になるようにのせ、親指を押しあてながら手前に引いて巻き込み、筋模様をつける（P.94）。残りの生地も同様に成形し、バット（またはこね台）の上に広げておく。
＊筋模様は、フォークの背に生地をのせ、親指で押しつけながら手前に転がしてつけてもOK。

Step 3. レッチェ風カンネリーニ豆の煮込みを作る
1.大きめのフライパンにオリーブオイルをひいて中火で熱し、玉ねぎ（スライス）とパンチェッタを入れ、玉ねぎがうっすら色づくまで炒める。
2.Step 1の豆をレードルですくって加え、全体を混ぜあわせる。味見をして、塩で味をととのえる。
＊ゆで汁は少し入ってもOKです。

Step 4. 仕上げる
1.大鍋に湯を沸かして塩（分量外）を加え、カヴァテッリ・リガーティを入れて、浮かびあがってくるまで静かに沸騰する火加減でゆでる。

2.カヴァテッリ・リガーティの湯をきり、Step 3のフラ
イパンに入れ、Step 1のゆで汁で濃度を調整しなが
らあえる。
3.器に盛りつけ、オリーブオイルをまわしかける。

ANNA'S CRESC'TAJAT WITH BEANS

アンナおばあちゃんのクレシュ・タイアットゥ ボルロッティ豆のトマト煮込み

材料（6人分）

♣**クレシュ・タイアットゥ**
ポレンタ粉（とうもろこし粉）…200g
00粉（または強力粉＋中力粉）…100g

♣**ボルロッティ豆のトマト煮込み**
ボルロッティ豆（うずら豆／乾燥）…250g
水…1ℓ（浸水用）＋1ℓ（下ゆで用）
パッサータ（トマトピュレ）…200g
サルシッチャ（生ソーセージ）…1本
セロリ（輪切り）、にんじん（輪切り）…各1本分
ラード…50g
エキストラ・バージン・オリーブオイル…大さじ4
玉ねぎ（スライス）…1個分
にんにく（みじん切り）…1片分
塩、こしょう…各適量
＊ボルロッティ豆は、水煮を使う場合、500g用意。

♣**仕上げ**
ペコリーノ・ロマーノ（すりおろす）…50g
エキストラ・バージン・オリーブオイル…適量

作り方

Step 1. ボルロッティ豆とポレンタを下拵えする（前日から当日）
1.乾燥豆は浸水させて戻したあと、やわらかくなるまで弱火で45〜60分ゆでる。火からおろし、豆がゆで汁に入ったままにしておく。
＊P.100 Step 1参照（ここでは玉ねぎの代わりに、にんじんとセロリを加える）。
2.ポレンタをパッケージの表示に従って炊き、冷ます。

Step 2. クレシュ・タイアットゥを作る
1.ボウルにStep 1のポレンタと00粉を入れ、手でポレンタを崩しながら、粉と混ぜていく。全体がざっとなじんだら、こね台に移し、なめらかになるまでこねる。
2.生地を3等分して丸め、手のひらで押して円形にする。こね台とそれぞれの生地の表面に打ち粉（分量外）をふり、生地を厚さ2〜3mmにのばし、端から約4cm幅の帯状に切り分ける。
3.生地を横長に置き、端からひし形になるように斜めに切り分ける。残りの生地も同様に成形する。切った生地は重ならないようバットに広げ、ゆでるまで冷蔵庫に入れて凍らせておく。

Step 3. ボルロッティ豆のトマト煮込みを作る
1.サルシッチャの肉を取りだし、手で軽くほぐす。
＊皮は5で一緒に煮込めば、味わいが深まります。
2.鍋にオリーブオイルとラードを入れて中火で熱し、玉ねぎを加えてしんなりするまで炒める。
3.にんにくを加えて香りがでるまで炒める。
4.サルシッチャを加え、焼き色がつくまで炒める。
5.パッサータとStep 1-1のゆで汁（レードル2〜3杯）を加え、塩とこしょうして、弱火で10〜15分煮込む。
6.Step 1-1の豆を加え、弱火で温める。

Step 4. 仕上げる
1.大鍋に湯を沸かして塩（分量外）を加え、Step 2のクレシュ・タイアットゥを凍ったまま入れて、浮かびあがってくるまで静かに沸騰する火加減でゆでる。
2.クレシュ・タイアットゥの湯を切り、Step 3の鍋に入れて豆の煮込みとあえ、器に盛りつけてペコリーノをふりかけ、オリーブオイルをまわしかける。

小麦粉とポレンタ粉の生地を、野草または豆を煮込んだソースとあわせる「クレシュ・タイアットゥ」は、ペーザロ・エ・ウルビーノの名物。

EUGENIA'S FREGULA AND BEAN SOUP
—
エウジェーニアおばあちゃんの
フレグラ
ひよこ豆のスープ

エウジェーニアおばあちゃんは、サルデーニャ島の北西部の村、モントレスタに暮らしています。テラスの一角にはセカンドキッチンがあり、サルデーニャ特有のパスタ道具から、各種サイズのガラス瓶など、料理用のアイテムがそろっています。

「フレグラ」は、サルデーニャの粒状パスタ。乾燥させてからオーブンでローストして仕上げるのが特徴です。今では多くの人が市販品を使いますが、エウジェーニアおばあちゃんは、手際よく1時間たらずで作ります。おばあちゃんの暮らしは自家製食材で彩られています。そのひとつが、このレシピでも使う、おいしさを凝縮したドライトマト。まず、ミニトマトを半分に切り、切り口に粗塩をふり、葦のカゴに並べて天日干しにします。乾燥したら、それぞれバジルの葉でおおい、冷凍保存。甘くて程よい塩気のこのドライトマトは、少し加えるだけで、どんな料理もおいしくなる魔法の調味料です。

材料（4人分）
✤フレグラ
セモリナ粉（粗挽き）…300g
ぬるま湯（人肌程度）…250ml
塩…小さじ1
＊湯量は生地の状態によって微調整すること。

✤ひよこ豆のスープ
ひよこ豆（乾燥）…250g
水…1.2ℓ（豆の浸水用）＋1.2ℓ（スープ用）
塩…小さじ1
玉ねぎ（角切り）…1個分
フェンネルの葉（1cmくらいに切る）…ひとつかみ
ドライトマト（角切り）…4個分
＊ひよこ豆は、水煮を使う場合、500g用意。

✤仕上げ
エキストラ・バージン・オリーブオイル…適量

作り方
Step 1. ひよこ豆を下拵えする（前日から当日）
1.乾燥豆は浸水させて戻したあと、やわらかくなるまで弱火で45〜60分ゆで、水気をきる。
＊P.100 Step 1参照（ここでは玉ねぎは不要）。

Step 2. フレグラを作る
1.小さなボウルにぬるま湯を入れ、塩を溶かす。

2.大きなボウルに1を大さじ1入れ、セモリナ粉（大さじ2〜3杯）をふりかける。
＊エウジェーニアおばあちゃんは、底が平らな直径40cmくらいのテラコッタ製のボウルを使っています。
3.円を描くように指先で粉と湯をかき混ぜながら、粒状にしていく。徐々に小さな粒ができてきたら、再び粉と1を1：2〜3くらいの割合で足してかき混ぜ、最終的には粒こしょうくらいの大きさにする。粉を使いきるまで繰り返す。
4.生地をバットに移して広げ、粒どうしがくっつかなくなるまで乾燥させる。
5.バットごとゆすり、小粒すぎるものは取り除く。
＊大粒のものは表面にあがってきます。小粒すぎるものはしっかり乾燥させて保存し、次回フレグラを作る際に、2で使うはじめの生地にします。

Step 3. ひよこ豆のスープを作る
1.鍋にStep 1の豆、玉ねぎ、フェンネル、ドライトマトを入れ、水と塩（分量外）を加え、豆がやわらかくなるまで弱火で1時間〜1時間半煮込む。

Step 4. 仕上げる
1.Step 3の鍋にStep 2のフレグラを加え、弱火で2〜3分煮る。味見をし、塩（分量外）で味をととのえる。
2.器に盛りつけ、オリーブオイルをまわしかける。

MARIA AND ROSARIA'S CHICKPEA AND PASTA SOUP

—

マリア&ロザリア おばあちゃんの チチェリ・エ・トリア

「チチェリ・エ・トリア」はイタリアのかかとにあたる、プーリア州サレント地方の定番料理。このあたりの方言で、「チチェリ」は「ひよこ豆」、「トリア」は「タリアテッレ」を意味します。その名のとおり、タリアテッレとひよこ豆のスープで、仕上げにカリカリに揚げたパスタを散らすのが特徴です。9世紀にはすでに存在し、復活祭に先立つ四旬節の聖ヨセフの日（3月19日）に、貧しい人々に振る舞われていました。

この伝統的なレシピを教えてくれたのは、トッレパドゥリ村に暮らすマリアとロザリアのふたりのおばあちゃん。94歳のマリアおばあちゃんは今でも、昔ながらのやり方で、テラコッタ製の大きな壺にひよこ豆を入れ、暖炉の直火にかけて煮ています。

材料（4〜6人分）

❖タリアテッレ

セモリナ粉…400g

水…1カップ

*水量は生地の状態によって微調整すること。

❖ひよこ豆のスープ

ひよこ豆（乾燥）…200g

水…1ℓ（豆の浸水用）＋1ℓ（下ゆで用）

玉ねぎ（スライス）…2個分

植物油、塩…各適量

*ひよこ豆は、水煮を使う場合、400g用意。

作り方

Step 1. ひよこ豆を下拵えする（前日から当日）

1. 乾燥豆はさっと洗ってボウルに入れ、水と塩（小さじ1）を加え、できればひと晩（最低8時間）つける。

2. 豆の水気をきって鍋に入れ、水を加えて中火で熱し、沸騰したら、表面に泡状に浮いてくるアクを取り、玉ねぎ（スライス1個分）を加え、豆がやわらかくなるまで弱火で60〜90分ゆでる。火からおろし、豆がゆで汁に入ったままにしておく。

*ゆで時間は目安です。使う豆の種類や保存期間によって変わるため、調整してください。

Step 2. タリアテッレを作る

1. パスタ生地を作り（P.20）、よく絞った濡れ布きんをかぶせて30分休ませる。

2. 生地を厚さ2〜3mmほどの円形にのばす。

3. 生地をカーペットのように巻き、端から約1cm幅に切り分ける。切った生地はふってほぐし、打ち粉（たっぷり、分量外）をふり、互いにくっつかないようにしておく。

Step 3. ひよこ豆のスープを作り、仕上げる

1. 鍋に植物油を5mmの高さになるように入れ、油がゆらめく中温（170℃前後）に熱する。

2. タリアテッレ（¼量）を入れ、炒めるようにしながらカリッときつね色になるまで揚げる。キッチンペーパーを敷いたバットにあげる。

3. 2の鍋に、残りの玉ねぎを入れてしんなりするまで炒める。

4. Step 1の豆をゆで汁ごと加える。

*ゆで汁は、パスタをゆでるのに十分な量を加えます。ゆで汁が足りないようであれば、水（分量外）を加えて調整します。ただし、この水分がそのままスープになるので、加えすぎて最終的に薄いスープにならないよう注意しましょう。

5. 塩で味をととのえ、ひと煮立ちしたら残りのタリアテッレを入れて、静かに沸騰する火加減で2〜3分煮る。

*1本食べて煮え加減を確認すること。

6. 器に盛りつけ、2の揚げたタリアテッレを散らす。

LETIZIA'S TAGLIARINI WITH PURÉED DRIED BROAD BEANS

—

レティーツィアおばあちゃんの
タリアリーニ
そら豆のピュレ

シチリア島のトラパーニ近郊に暮らすレティーツィアおばあちゃんは、御年100歳！歩くのに杖が必要ですが、今でもパスタを手打ちしています。それは祖母や母から受け継いだレシピのパスタで、日々の糧となっています。戦争中でも子どもにひもじい思いをさせまいと、作ったあの日と変わらぬ味です。健康長寿の秘訣は、いつも忙しくしていること。そして、苦しい時には内なる強さを見つけることだそう。現役時代は小学校の先生だったレティーツィアおばあちゃんは、詩を書き、絵を描き、信念に従って生きてきました。1968年のシチリア大地震で自宅を失って以来、夏の別荘で暮らしています。ワイルドフェンネルの香る、そら豆のピュレでいただく彼女のタリアテッレは、質素だけれど、とてもおいしいものでした。

材料（4人分）

❦タリアリーニ
セモリナ粉（できれば古来種）…400g
ぬるま湯（人肌程度）…1カップ
塩…小さじ¼
＊湯量は生地の状態によって微調整すること。

❦そら豆のピュレ
そら豆（生／薄皮をむく）…1kg
エキストラ・バージン・オリーブオイル…大さじ4
玉ねぎ（みじん切り）…1個分
水…1ℓ
ワイルドフェンネルの葉（刻む）…小1束分
ローリエ…1枚
塩…適量
＊そら豆は乾燥豆を使う場合、豆400gを用意し、できればひと晩（最低6時間）、水（2ℓ）につけ、使う際に水気をきります。ワイルドフェンネルがない場合は、フェンネルシード（ひとつまみ）を砕いて使います。

❦仕上げ
エキストラ・バージン・オリーブオイル、赤唐辛子（クラッシュ）、ワイルドフェンネルの葉（またはフェンネルの葉）…各適量

作り方

Step 1. タリアリーニを作る
1.パスタ生地を作り（P.20）、6等分にする。
2.生地を厚さ2mmほどにのばす。よく絞った濡れ布きんをかぶせ、1時間ほど休ませる。
3.生地をカーペットのように巻き、端から3mm幅の帯状に切り分ける。残りの生地も同様に成形する。生地はふってほぐしておく。

Step 2. そら豆のピュレを作る
1.鍋にオリーブオイルをひいて中火で熱し、玉ねぎがうっすら色づくまで炒める。
＊フェンネルシードを使う場合、一緒に炒めます。
2.そら豆、水、ワイルドフェンネル、ローリエを加え、弱火で豆が煮崩れるまで40分以上煮込む。豆が煮崩れはじめたら木べらでつぶし、最終的にはどろっとしたピュレ状に仕上げる。
＊底からこまめにかき混ぜて均等な濃度にしますが、途中で煮詰まるようなら水（分量外）を加えます。木べらで豆をつぶしきれない場合は、ハンドブレンダーの中速で攪拌してピュレ状にします。
3.塩で味をととのえ、全体をかき混ぜる。

Step 3. 仕上げる
1.大鍋に湯を沸かして塩（分量外）を加え、タリアリーニを入れて、静かに沸騰する火加減で3〜5分ゆでる。途中、パスタのゆで汁（レードル1杯）を、Step 2の鍋に入れてピュレと混ぜる。
＊1本食べてゆで加減を確認すること。
2.ゆであがったタリアリーニの湯をきり、Step 2の鍋に入れてピュレとあえる。
3.器に盛りつけ、オリーブオイルをまわしかけ、赤唐辛子とフェンネルの葉を散らす。

GIOVANNA'S TAGLIOLINI AND RED BEAN SOUP

—

ジョヴァンナおばあちゃんのタリオリーニ 赤いんげん豆のスープ

材料（4人分）

♣タリオリーニ
全粒粉（石臼挽き）…300g
エキストラ・バージン・オリーブオイル…大さじ2
ぬるま湯（人肌程度）…135〜150ml
塩…ひとつまみ
＊湯量は生地の状態によって微調整すること。

♣赤いんげん豆のスープ
赤いんげん豆（乾燥／ロッソ・ディ・ルッカやボルロッティ）…250g
水…750ml（浸水用）＋750ml（下ゆで用）
にんにく…大1片
セージの葉…3枚
エキストラ・バージン・オリーブオイル…大さじ4
玉ねぎ（スライス）…1個分
にんじん（輪切り）…大1本分
セロリ（輪切り）…1本分
トマトペースト…大さじ2
塩、こしょう…各適量
＊赤いんげん豆は、レッドキドニービーンズとうずら豆を混ぜて使っても。水煮の場合、550g用意。

作り方

Step 1. 赤いんげん豆を下拵えする（前日から当日）
1.乾燥豆はさっと洗ってボウルに入れ、水と塩（小さじ1）を加え、できればひと晩（最低8時間）つける。
2.豆の水気をきり、にんにくとセージと一緒に鍋に入れ、水を加える。弱火で60分ほどゆで、途中、吹きあがってきたら水（少量、分量外）加え、中心部に白い芯が残っていない状態までゆでる。ザルにあげて水気をきる。にんにくとセージは取りだし、ゆで汁は捨てずに取っておく。
＊ゆで時間は目安です。使う豆の種類や保存期間に

よって変わるため、調整してください。

Step 2. タリオーニの生地を作る
1.パスタ生地を作り（P.20）、よく絞った濡れ布きんをかぶせて30分休ませる。

Step 3. 赤いんげん豆のスープを作る
1.鍋にオリーブオイルをひいて中火で熱し、玉ねぎ、にんじん、セロリを入れてしんなりするまで炒める。
2.トマトペーストを加えて混ぜ、Step 1のゆで汁を野菜が隠れるくらいまで注ぎ、ひと煮立ちしたら、野菜がやわらかくなるまで弱火で煮る。
3.Step 1の豆を加え、ハンドブレンダーの中速で撹拌してスープ状にする。塩とこしょうで味をととのえる。
＊どろっとしすぎであればStep 1のゆで汁を足して調整します。ゆで汁が足りない場合、水（分量外）を加えます。また、豆のスープは煮詰まったり、焦げやすいので注意しましょう。

Step 4. タリオリーニを作る
1.Step 2の生地を厚さ2〜3mmにのばす。
2.表面に軽く打ち粉（分量外）をしてカーペットのように巻き、端から約1cm幅に切り分ける。生地をふってほぐし、打ち粉（分量外）をして広げておく。

Step 5. 仕上げる
1.タリオリーニをStep 3の鍋に入れ、時々スープをかき混ぜながら弱火で10分ほど煮る。器に盛る。
＊1本食べて煮え加減を確認すること。

　　このタリオリーニと赤いんげん豆のスープは、「タリオリーニ・スイ・ファジョーリ」と呼ばれ、トスカーナでよく食べられているそうです。

LUIGIA'S MANATE WITH CHICKPEAS

—

ルイージャおばあちゃんのマナーテ ひよこ豆とトマトのソース

材料（6人分）
♣マナーテ
セモリナ粉…400g
水…1カップ
塩…ひとつまみ
＊水量は生地の状態によって微調整すること。

♣ひよこ豆とトマトのソース
ひよこ豆（水煮）…300g
パッサータ（トマトピュレ）…300g
エキストラ・バージン・オリーブオイル…大さじ3〜4
玉ねぎ（角切り）…1個分
バジルの葉…ひとつかみ
塩…適量
＊ひよこ豆は、乾燥豆を使う場合、豆150g、水750ml、塩小さじ1を用意し、P.100 Step1（ここでは玉ねぎは不要）を参照しながら下拵えします。

♣仕上げ
エキストラ・バージン・オリーブオイル…適量

作り方
Step 1. マナーテを作る
1.パスタ生地を作り（P.20）、ひとまとめにし、中央に包丁で十字の切り込みを入れる。ボウルをかぶせて30分休ませる。
2.生地を2等分し、手のひらで軽く押して楕円形にする。
3.生地を横長に置き、包丁で中央に横長に切り込みを入れる。切り込みに両手を入れ、生地をそっと上下左右に引っ張りながら広げ、輪っか状にする。
4.輪っか状にした生地の一部を手のひらで前後に転がしてのばし、少しずつ場所を回転させながら生地を細く大きな輪っかにしていく。最終的には直径1cm

ほどの細いロープ状の大きな輪っかに仕上げる。
5.4の輪っか状の生地を左手（右手がきき手の場合）にかけ、6〜8重になるようにたるませて巻く。
6.巻いた生地に打ち粉（たっぷり、分量外）をふり、綱引きの綱をにぎるイメージで、右手が後方にくるように束をにぎり、右手で生地の束を後方に送りながら、同時に左手で束をにぎるよう押し、リズミカルに生地の束を回転させながら、長くなるまでのばす。
＊時折、打ち粉（分量外）をふりながら作業します。
7.真ん中で八の字にひねり、下の輪っかを左手にかけて12〜16重にする。再び両手で生地の束を持ち、1本が厚さ2〜3mm×幅8mm〜1cmになるまでにぎってのばしていく。
8.生地を束の状態で横長に置き、長さ10cmになるように切り分ける。こね台（またはバット）の上に広げ、互いがくっつかなくなるまで少し乾燥させる。

Step 2. ひよこ豆とトマトのソースを作る
1.鍋にオリーブオイルをひいて中火で熱し、玉ねぎがうっすら色づくまで炒める。
2.ひよこ豆、パッサータ、バジル、塩を加えてかき混ぜ、どろっとするまで弱火で10分煮込む。

Step 3. 仕上げる
1.大鍋に湯を沸かして塩（分量外）を加え、マナーテを入れて、静かに沸騰する火加減で3〜6分ゆでる。
＊1本食べてゆで加減を確認すること。
2.マナーテの湯をきり、Step 2の鍋に入れてソースとあえ、オリーブオイルをまわしかける。器に盛る。

短いタリアテッレのような「マナーテ」は、バジリカータ州の郷土パスタ。「ドルス」など、地域によって呼び名が変わります。

Recipe 4

Potato and gnocchi

じゃがいも＆ニョッキ

ニョッキはイタリア全土で作られており、形や材料はバリエーション豊か。もっとも原始的なパスタのひとつで、中世イタリアの詩人であり散文作家のボッカッチョが、1353 年に発表した小説『デカメロン』の中で、はじめてその名が登場しました。でも、おそらくその数百年前から存在したのでしょう。ラヴィオリと同じく、残りものを使いきる手段であり、当時の人々の生活の知恵から生まれたのです。

DOMENICA'S RAVIOLE DI VALLE VARAITA

ドメニカおばあちゃんの ラヴィオーレ ヴァッレ・ヴァライタ風

「ラヴィオーレ」はラヴィオリではなく、北西部ピエモンテ州のフランス国境に近いヴァライタ渓谷で食べられる、ぽってりした丸長のニョッキ。この地方特産の牛乳のチーズ、「トミノ・ディ・メッレ」を使います。これは、5日熟成させて作るフレッシュタイプのチーズ。同じくこの地方のチーズ、「ロビオラ」を代わりに使ってもよいでしょう。あるいは、ソフトタイプのフレッシュチーズなら、どれでもOK。シェーブルチーズでもおいしく仕上がります。

このレシピを教えてくれたドメニカおばあちゃんは、最高品質のアルプス産バターをたっぷり使うようすすめています。この料理は伝統的に、洗礼式や婚約パーティーなど、特別な機会に振る舞われました。バターをたっぷり使う料理は、ごちそうだったのです。

材料（4人分）

✤ラヴィオーレ
じゃがいも（男爵など粉っぽいタイプ／古くなったもの）
…1kg
トミノ・ディ・メッレ（またはロビオラ／ほぐすか、つぶす）…200g
0 粉（または強力粉＋中力粉）…250g
塩…適量
*トミノ・ディ・メッレは、リコッタチーズ（水気をきる）やカッテージチーズなどのフレッシュチーズ、あるいはシェーブルチーズで代用しても。

✤仕上げ
バター（食塩不使用）…75g
生クリーム（乳脂肪分20%くらいの低脂肪のもの）…
100ml
パルミジャーノ・レッジャーノ（すりおろす）…ひとつかみ

作り方

Step 1. ラヴィオーレを作る

1.じゃがいもは、皮つきのまま、竹串がとおるまで塩ゆでする。湯をきり、皮をむく。熱いうちにマッシャーなどでつぶし、しっかり打ち粉（分量外）をしたこね台の上に広げる。

2.チーズ、粉、塩を加えて混ぜあわせる。全体がざっとなじんだら、材料が均一に混ざるまでこね、生地を作る。

3.生地を握りこぶし大に切り分け、転がして直径1〜1.5cmの棒状にのばし、端から3cm幅に切り分ける。

4.生地を手のひらで転がし、真ん中が太く、両端が細くなるように成形しながら、長さ5〜7cmの細長にのばす。残りの生地も同様に成形する。

*こね台にこまめに打ち粉（分量外）をしながら成形します。

Step 2. 仕上げる

1.小鍋にバターを入れ、褐色になってナッツのような香りがしてくるまで中火で熱し、焦がしバターを作る。

2.別の小鍋に生クリームを入れ、中火で沸騰寸前まで温める。

3.大鍋に湯を沸かして塩（分量外）を加え、ラヴィオーレを入れて、浮かびあがってくるまで静かに沸騰する火加減でゆでる。

*鍋が小さい場合は、数回に分けてゆでます。

4.ラヴィオーレの湯をきり、サラダボウルに入れる。パルミジャーノをふりかけ、2のクリームと1の焦がしバターをまわしかける。

*この後、好みでオーブンのグリル機能で表面に焼き色をつけても。

5.器に盛りつける。

DOMENICA'S POTATO GNOCCHI WITH TOMATO SAUCE

—

ドメニカおばあちゃんの
じゃがいものニョッキ
トマトソース

第二次大戦の記憶は、イタリア北部に位置するボローニャ南部の山岳地帯の町、モンテーゼに今なお色濃く残っています。それは、ブラジル遠征軍によるイタリア開放前に繰り広げられた激戦にまつわるもの。ドメニカおばあちゃんは、家族がイギリス兵を数か月かくまった話をしてくれました。おばあちゃんは今も、その兵士の形見のシグネットリング（認印つき指輪）を持っています。

モンテーゼは悲しい歴史ばかりではありません。じゃがいもの名産地で、**D.O.P.** に認定されています。「おいしいニョッキの決め手は、ふさわしいじゃがいもを使うことよ」と語るドメニカおばあちゃんは、卵は使わず、とても軽やかで美味なニョッキを作る名人です。

材料（4人分）
❖じゃがいものニョッキ
じゃがいも（メイクイーンなど煮崩れしにくいタイプ／同じくらいのサイズのもの／皮をむく）…1kg
00粉（強力粉＋中力粉）…300g

❖トマトソース
パッサータ（トマトピュレ）…400g
エシャロット（みじん切り）…3個分
にんじん（みじん切り）…1本分
セロリ（みじん切り）…20cm分
エキストラ・バージン・オリーブオイル（またはバター）…大さじ4
塩…適量
＊ドメニカおばあちゃんは自家製パッサータを使っています。

❖仕上げ
パルミジャーノ・レッジャーノ（できれば24カ月熟成のもの／すりおろす）…30g

作り方
Step 1. トマトソースを作る
1.大きめのフライパンにオリーブオイルを入れて弱火で熱し、エシャロット、にんじん、セロリをじっくり10分ほど炒める。
2.パッサータを加えて塩をし、ひと混ぜして弱火で20分ほど煮込む。

Step 2. じゃがいものニョッキを作る
1.じゃがいもは大きさをそろえて4つ切りにし、竹串がとおるまでゆでる。水気をきり、そのまま数分おいて水気をとばす。
2.粉をこね台に盛って中央にくぼみを作り、じゃがいもをマッシャーでつぶし、くぼみに入れる。
＊できれば、カップのついたマッシャー（P.213）を使うほうが、より軽い食感に仕上がります。
3.くぼみのまわりの粉をじゃがいもにかぶせながら手でざっくり混ぜあわせ、ある程度なじんだら、粉が見えなくなるまで軽くこね、生地を作る。
＊こねすぎると粉のグルテンが形成されて食感が悪くなるので、こねすぎないのがポイント。
4.生地をひとつかみ取り、転がして直径2〜3cmの棒状にのばし、端から約3cm幅（指2本分）に切り分ける。
＊こまめに打ち粉（分量外）をします。
5.生地を横長に置き、指2本を軽く押しあてながら手前にくるっと転がして丸める。残りの生地も同様に成形する。

Step 3. 仕上げる
1.大鍋に湯を沸かして塩（分量外）を加え、ニョッキを入れて、浮かびあがってくるまで静かに沸騰する火加減でゆでる。
＊鍋が小さい場合は、数回に分けてゆでます。
2.ニョッキの湯をきり、Step 1のフライパンに入れてソースとあえる。
3.器に盛りつけ、パルミジャーノをふりかける。

QUINTINA'S GNOCCHETTI WITH CHICKPEAS

**クインティーナおばあちゃんの
ニョケッティ
ひよこ豆のスープ**

クインティーナおばあちゃんは、アダおばあちゃん（P.88）のお姉さんで、近所に住んでいます。

ニョケッティとひよこ豆のスープは、クインティーナおばあちゃんが暮らす、アブルッツォ州の山岳地帯の郷土料理。「ニョケッティ」とは「小さいニョッキ」の意味で、ひよこ豆くらいの大きさです。近隣の村、オルトーナ・デイ・マルシでは「チチェルキエ（Cicerchie）」と呼ばれますが、これは、ひよこ豆のイタリア語「チェーチ（ceci）」の言葉遊び。ニョケッティは、ポレンタ粉と小麦粉をあわせて作り、独特の食感が特徴です。また、この地域ではパスタのゆで汁は捨てずに、スープのベースにします。

材料（4人分）

✤ニョケッティ
ポレンタ粉（細挽き）…200g
00粉（または強力粉＋中力粉）…200g
塩…ひとつまみ
ぬるま湯（人肌程度）…1カップ

✤ひよこ豆のスープ
ひよこ豆（水煮）…500g
パッサータ（トマトピュレ）…300g
エキストラ・バージン・オリーブオイル…大さじ3
＊ひよこ豆は、乾燥豆を使う場合、豆250g、水2ℓ、塩小さじ1を用意し、P.100 Step 1（ここでは玉ねぎは不要）を参照しながら下拵えします。

✤仕上げ
ペコリーノ・ロマーノ（すりおろす）…適量

作り方

Step 1. ニョケッティを作る

1.粉2種をこね台の上に広げ、塩を加えてよく混ぜ、中央にくぼみを作る。

2.くぼみに湯を少しずつ注ぎ、指先で粉と混ぜあわせる。全体がざっと混ざったら、生地を軽くこねる。生地が手や台につかなくなり、粉が見えない状態になればこねあがり。

＊この生地は休ませる必要はありません。

3.生地を厚さ1cmほどにのばし、端から1cm幅の帯状に切り分ける。

4.生地を転がし、直径1cmの棒状にのばす。

5.生地を横長に縦1列に並べ、端から1cm幅に切り分ける。残りの生地も同様に成形する。生地には、打ち粉（分量外）をしっかりふってまぶしておく。

＊成形する際も、生地にこまめに打ち粉（分量外）をします。

Step 2. ひよこ豆のスープを作り、仕上げる

1.鍋にひよこ豆とパッサータを入れて弱火で熱し、温める。

2.大鍋に湯を沸かして塩（分量外）を加え、ニョケッティを入れて、浮かびあがってくるまで静かに沸騰する火加減でゆでる。仕上げたいスープの濃度に応じて、ゆで汁を一部捨てる。

3.1を2の鍋に入れ、オリーブオイルを加えてひと混ぜする。味見をして、塩（分量外）で味をととのえる。

4.器に盛りつけ、ペコリーノをふりかける。

SELVINA'S GNOCCHI CON SALSICCE

セルヴィーナおばあちゃんの じゃがいものニョッキ サルシッチャとトマトのソース

バイオリンの町として知られるロンバルディア州クレモナ。この小さな町の郊外に暮らす、セルヴィーナおばあちゃんを訪れたのは、早春のとある日曜日。とてもシャイで、撮影のためにニョッキを作るのをためらったほどです。

彼女は何十年もニョッキを作ってきましたが、ニョッキにまつわる苦い思い出があります。1970年代に夫の働くレンガ工場で大規模ストが起きた時、他の奥さんたちと一緒に、スト参加者のために大量のニョッキを作り続けました。じゃがいもをゆで、生地を作って成形し、大きな寸胴鍋でゆで、肉入りのトマトソースを作り……。セルヴィーナおばあちゃんはこの思い出のレシピに、「ルガニカ」というロンバルディア州で一般的な、ハーブの入らない腸詰を使います。

材料（4人分）

❖じゃがいものニョッキ
じゃがいも（男爵など粉っぽいタイプ／古くなったもの）…1kg
00粉（強力粉＋中力粉）…250g
卵…1個
エキストラ・バージン・オリーブオイル…大さじ1

❖サルシッチャとトマトのソース
サルシッチャ（生ソーセージ、ハーブやスパイスが入っていないもの／皮は取り除く）…4本
カットトマト（缶詰）…1缶（400g）
玉ねぎ（みじん切り）…1個分
エキストラ・バージン・オリーブオイル…大さじ1
塩…適量

❖仕上げ
バター（食塩不使用）…ひとかけ
パルミジャーノ・レッジャーノ（すりおろす）…適量

作り方

Step 1. じゃがいものニョッキを作る

1.じゃがいもは皮をむき、丸ごとか半分に切ってゆでる。じゃがいもをザルにあげ、粗熱が取れたらマッシャーでつぶし、こね台に広げて冷ます。
*できれば、カップのついたマッシャー（P.213）を使うほうが、より軽い食感に仕上がります。

2.粉をじゃがいもの上に広げて中央をくぼませ、卵を割り入れ、オリーブオイルを入れる。フォークで手早くざっくり混ぜあわせ、ある程度なじんだら、材料が均一に混ざるまで軽くこね、生地を作る。
*こねすぎると粉のグルテンが形成されて食感が悪くなるので、こねすぎないのがポイント。

3.生地をひとつかみ取り、転がして直径2cmの棒状にのばし、端から2cm幅に切り分ける。残りの生地も同様に成形する。

Step 2. サルシッチャとトマトのソースを作る

1.フライパンにオリーブオイルをひいて中火で熱し、玉ねぎを入れて透きとおってくるまで炒める。

2.サルシッチャを加え、木べらで崩しながら焼き色がつくまでさらに炒める。

3.カットトマトを加えて塩をし、ひと煮立ちしたら火を弱め、どろっとしたソース状になるまで20～30分煮込む。

Step 3. 仕上げる

1.大鍋に湯を沸かして塩（分量外）を加え、ニョッキを入れて、浮かびあがってくるまで静かに沸騰する火加減でゆで、そこから30秒数えて取りだす。湯をきってサラダボウルに入れる。
*数回に分けてゆでます。

2.パルミジャーノをふり、Step 2のソースをかけ、バターを加えて全体を混ぜあわせる。器に盛りつける。

OLGA'S CANEDERLI

オルガおばあちゃんの カネーデルリ

北東部のトレンティーノ=アルト・アディジェ州にあるセルヴァ・ディ・ヴァル・ガルデーナは、長きにわたりオーストリア領だったドロミテ渓谷にあります。そのため、伝統料理も他の地域とは趣が異なります。「カネーデルリ」もそんな料理のひとつ。これはオーストリアのクネーデルにあたる、パンだんご。1斤のパンで数週間しのがねばならなかった時代から存在します。家庭ごとにレシピは少し変わりますが、基本的にはパンと粉で作った生地を、水かブイヨンで煮込んでいきます。チーズや羊の脳みそを加えるレシピもあるそう！
「料理下手だと良縁に恵まれないといわれていたの」。こう語るオルガおばあちゃんは、16歳の時に母親からカネーデルリを習い、ホテルの厨房で料理の腕を磨いたあと結婚。子宝にも恵まれました。今も日曜日にはカネーデルリを作り、よくグーラッシュをあわせます。

材料（4〜6人分／カネーデルリ約12個分）
❀カネーデルリ
スモークパンチェッタ（拍子木切り）…50g
バゲット（または食パン／硬くなったもの／角切り）…500g
00粉（または強力粉＋中力粉）…大さじ山盛り1
玉ねぎ（粗みじん切り）…小1/2個分
卵（溶きほぐす）…3個分
牛乳…200〜250ml
エキストラ・バージン・オリーブオイル（またはバター）…大さじ3
チャイブ（みじん切り）…10g
塩…適量

❀仕上げ
バター…適量
セージ、パルミジャーノ・レッジャーノ（すりおろす）…各適宜

作り方
Step 1. カネーデルリを作る
1.フライパンにオリーブオイルをひいて弱火で熱し、玉ねぎを透明になるまで炒める。パンチェッタを加え、中まで火がとおるように1分ほど炒める。
＊パンチェッタは火をとおしすぎると硬くなるので注意しましょう。
2.大きなボウルにバゲット、卵、牛乳（200ml）を入れ、パンに水分がしみ込むまで木べらで混ぜる。

3.1の玉ねぎとパンチェッタを脂ごと加えて混ぜ、さらに粉、塩（ひとつまみ）、チャイブを加え、練るように混ぜあわせ、生地を作る。途中、水分が足りないようであれば、様子を見ながら残りの牛乳を加え、粉っぽさが残らないよう均一になるまで混ぜる。よく絞った濡れ布きんをかぶせて15分休ませる。
4.生地を直径5〜6cmくらいに取り、手のひらで円を描くように転がし、きれいなボール形に丸める。成形したら、バットに並べる。残りの生地も同様に成形する。
＊生地がムラなく混ざっているかは、両手で押しつぶして確認します。また手を水で濡らしながら丸めます。

Step 2. 仕上げる
1.大鍋に湯を沸かして塩（分量外）を加え、カネーデルリを入れて、静かに沸騰する火加減で10〜15分ゆでる。
＊数回に分けてゆで、噴きこぼれそうになったら、火を弱めます。ゆで加減は必ず確認すること。
2.カネーデルリの湯をきり、耐熱皿に入れ、70〜80℃のオーブンなどで温かい状態をキープしておく。
＊大きな耐熱皿（縦40×横30×高さ7cmほど）が理想的ですが、手持ちの耐熱皿を2枚使ってもOK。
3.焦がしバターを作る（P.110 Step 2-1）。
＊好みで、セージを加えて香りを移しても。
4.器に盛りつけ、3の焦がしバターをかける。
＊好みで、パルミジャーノをたっぷりふりかけても。

GIUSY'S 'NDUNDERI WITH TOMATO SAUCE

ジュジーのンドゥンデリ トマトソース

材料（4人分）
❖ンドゥンデリ
00粉（または強力粉＋中力粉）…125g
リコッタチーズ（水気を切る）…250g
卵黄（溶きほぐす）…2個分
パルミジャーノ・レッジャーノ（すりおろす）…40g
ナツメグ（パウダー）、塩、こしょう…各ひとつまみ
＊00粉の量は、リコッタチーズの水分量によって生地の状態が変わってくるので、微調整すること。

❖トマトソース
ホールトマト（缶詰）…2缶（800g）
スモーク・スカモルツァ（またはスモークタイプのモッツァレラチーズ／角切り）…200g
パルミジャーノ・レッジャーノ（すりおろす）…15g
玉ねぎ（粗みじん切り）…1個分
にんにく（みじん切り）…1片分
ローリエ…1枚
エキストラ・バージン・オリーブオイル…大さじ3
砂糖…小さじ1
塩…小さじ1/2
水…適量

❖仕上げ
バジル（粗みじん切り）…適量

作り方
Step 1. ンドゥンデリの生地を作る
1. ボウルにリコッタチーズを入れて木べらでつぶす。
2. 残りの材料をすべて加え、全体がざっとなじむまで混ぜあわせて、生地を作る。生地をこね台に広げ、材料が均一に混ざるまでやさしくこねる。
3. 別のボウルに移し、よく絞った濡れ布きんをかぶせて冷蔵庫で30分冷やし、生地を落ち着かせる。

Step 2. トマトソースのベースを作る
1. 鍋にチーズ2種以外の材料をすべて入れ、トマト缶の空き缶に水をいっぱいに入れて加え、トマトが完全に煮崩れてどろっとしたソース状になるまで40分ほど弱火で煮込む。ローリエを取りだし、ハンドブレンダーの中速で撹拌してなめらかにする。

Step 3. ンドゥンデリとトマトソースを作り、仕上げる
1. Step 1の生地をこね台にのせ、3等分に切る。生地を転がして直径2.5cmほどの棒状にのばす。
2. 生地を端から約4cm幅に切り分ける。
3. 先が長い大きなフォークに打ち粉（分量外）をふり、背に生地をのせる。親指を生地に軽く押しあてながら向こう側にくるっと転がし、筋模様をつける。残りの生地も同様に成形する。成形した生地は粉（分量外）をふったバットの上に並べておく。
4. スカモルツァの半量をStep 2の鍋に入れ、かき混ぜてソースにチーズを溶かす。
5. オーブンを200℃に温めておく。
6. 大鍋に湯を沸かして塩（分量外）を加え、3を入れて、静かに沸騰する火加減で2〜5分ゆでる。
7. ンドゥンデリの湯をきり、4のソースに入れて中火で1分ほど煮る。
8. 耐熱皿に移し、残りのスカモルツァを広げ、パルミジャーノをふりかけ、バジルを散らす。
＊大きな耐熱皿（縦40×横30×高さ7cmほど）が理想的ですが、手持ちの耐熱皿を2枚使ってもOK。
9. 200℃のオーブンでチーズが溶けるまで10分焼き、器に盛りつける。

「ンドゥンデリ」はリコッタチーズのニョッキで、アマルフィ海岸のミノーリのスペシャリテ。ここでは、若干21歳で凄腕のジュジーが、祖母から教わったレシピを紹介します。

LUCIA'S SAGNE WITH BREADCRUMB DUMPLINGS

—

ルチアおばあちゃんの
サーニェ・トルテ
スシエッラのトマトソース

南部プーリア州プレシッチェ出身のルチアおばあちゃんは、身体の不自由な母親に代わり、小さな頃から家族の食事を作ってきました。兄弟にダメだしされながら料理の腕を磨いたとか。「素材がよければ、おいしい料理に仕上がるわ。厳密にレシピどおりでなくていいの、おおらかに料理すればいいの」。
そんなおばあちゃんが教えてくれたのは、この地方の伝統パスタ「サーニェ・トルテ」というツイスト状のロングパスタ。パン粉とリコッタチーズをベースにしたパン団子、「スシエッラ」入りのトマトソースでいただきます。スシエッラの一部を揚げてからソースに加えると、食感にバリエーションが生まれます。ぜひ試してみてください。

材料（6人分）

♣サーニェ・トルテ
セモリナ粉（細挽き）…400g
ぬるま湯（人肌程度）…1カップ
*湯量は生地の状態によって微調整すること。

♣トマトソース
パッサータ（トマトピュレ）…800g
a｜玉ねぎ（角切り）…1個分
　｜にんにく（みじん切り）…1片分
エキストラ・バージン・オリーブオイル…大さじ4
ローリエ…1枚
塩…適量

♣スシエッラ
リコッタチーズ（水気をきる）…250g
パン粉（細目）…130g
卵…3個
ミントの葉（みじん切り）…20g
ペコリーノ・ロマーノ（すりおろす）…25g

作り方

Step 1. トマトソースを作る

1.大きなフライパンにオリーブオイルをひいて中火で熱し、aを入れて玉ねぎがうっすらと色づくまで炒める。
2.パッサータ、ローリエ、塩（ひとつまみ）を加えて混ぜ、ひと煮立ちしたら弱火で約1時間じっくり煮込む。
3.ローリエを取りだし、ハンドブレンダーの中速で撹拌してなめらかにする。

Step 2. サーニェ・トルテを作る

1.パスタ生地を作り（P.20）、よく絞った濡れ布きんをかぶせて10分休ませる。
2.生地を厚さ2〜3mmの円形にのばす。半分にたたみ、端から2cm幅の帯状に切り分ける。
3.生地を横長に置き、片端を手でつかみ、もう片方の手のひらで反対側の端を手前に数回転がし、らせん状にねじっていく（P.198）。残りの生地も同様に成形する。成形した生地は半分に折ってバットに並べ（P.126）、よく絞った濡れ布きんをかぶせておく。
*生地が長くて全体がらせん状にならない場合、片側をねじってから生地を回転させ、反対側も同様にねじります。少し乾燥させた方がゆでる時に形を保てます。保存する場合は、数時間乾燥させます。

Step 3. スシエッラを作る

1.ボウルにスシエッラの材料をすべて入れ、フォークでつぶしながらよく混ぜあわせ、タネを作る。
*タネがやわらかすぎる場合、パン粉（分量外）を加えて調整します。フォークですくって、フォークから落ちない状態がベストです。
2.タネを18等分し、手を水で濡らしながら丸め、軽く押して平らな円に成形する。

Step 4. 仕上げる

1.Step 3のスシエッラをStep 1のソースの鍋に加え、中火で5分煮る。

＊スシエッラを揚げた場合、火をとめる直前に加えます。

2.大鍋に湯を沸かして塩（分量外）を加え、サーニェ・トルテを入れ、静かに沸騰する火加減で3分ゆでる。
＊ゆで加減を確認すること。

3.サーニェ・トルテの湯をきり、サラダボウルに1の

ソースとスシエッラと共に入れてからめ、器に盛る。

スシエッラを揚げる場合は……
Step 3のスシエッラのタネにパン粉（分量外）をまぶし、中温（170℃前後）に熱した植物油（分量外）できつね色になるまで揚げる。

ROSA'S SPINACH AND RICOTTA GNUDI

**ローザおばあちゃんの
ニューディ
セージ風味のバターソース**

ローザおばあちゃんの家は、「マルテッリ」というパスタの製造メーカー。ここでは、トスカーナの郷土料理「ニューディ」のレシピを教えてくれました。

ニューディとは「ヌード」という意味で、ほうれん草とリコッタチーズで作るニョッキ。「ラヴィオリ・ヌーディ（皮なしのラヴィオリ）」とも呼ばれています。ニューディには、セージの香るバターソースをたっぷりかけていただくのが伝統です。

ローザおばあちゃんのおいしいニューディの秘訣は、「ほうれん草とリコッタチーズは、できるだけ水気をきること。さもないと、ゆでている時に崩れてしまうから」とのこと。ほうれん草の代わりに、若いスイスチャードを使うのもおすすめです。

材料（4人分）
❖ニューディ
リコッタチーズ（水気をきる）…500g
ほうれん草…1.2kg
熱湯…大さじ4
パルミジャーノ・レッジャーノ（細かくすりおろす）…50g
卵（溶きほぐす）…2個分
00粉（または強力粉＋中力粉）、塩…各適量

❖セージ風味のバターソース
バター（食塩不使用）…60g
セージの葉…10枚
ナツメグ（おろす）…適量

❖仕上げ
パルミジャーノ・レッジャーノ（すりおろす）…大さじ4

作り方
Step 1. ニューディを作る
1.鍋にほうれん草を入れて強火で熱し、熱湯を加えて蓋をし、しんなりするまで蒸しゆでにする。ザルにあげ、粗熱が取れたら可能な限り水分を絞り、粗くみじん切りにする。

2.1のほうれん草をフッ素樹脂加工のフライパンに移して中火にかけ、水分をとばすように炒める。十分に余分な水分がとんだら、冷ましておく。

3.ボウルにリコッタチーズ、2のほうれん草、パルミジャーノ、卵を入れ、塩で味をととのえ、フォークでよく混ぜて生地を作る。

4.生地を直径3cmほど取り、打ち粉をふって丸める。残りの生地も同様に成形する。生地は軽く粉をふったバットに、くっつかないように間隔をあけて並べておく。

Step 2. セージ風味のバターソースを作る
1.フライパンにバター、セージ、ナツメグを入れて弱火で熱し、バターを溶かす。

Step 3. 仕上げる
1.大鍋に湯を沸かして塩（分量外）を加え、ニューディを入れて、浮かびあがってくるまで静かに沸騰する火加減でゆでる。
＊数回に分けてゆでます。

2.ニューディの湯をきり、器に盛りつけ、Step 2のソースをかけ、パルミジャーノをふりかける。

Recipe 5

Seafood

シーフードのパスタ

イタリアは長い海岸線を誇り、どこの港や漁村にもシーフードを使った郷土料理があります。なかでもイワシは、イタリア各地で獲れ、多くの料理に使われる身近な魚です。
新鮮な魚で料理を作る場合、なるべくシンプルに調理するのがベスト。魚の骨は捨てずに、貝を加えればおいしいスープができあがります。魚とパスタをあわせたレシピはあまり多くありませんが、エビや貝はパスタ料理によく使われます。

RACHELE'S MACCHERONI A DESCITA WITH CUTTLEFISH

ラケーレおばあちゃんの
マッケローニ・ア・デッシータ
イカのトマト煮込み

ラケーレおばあちゃんは96歳。旦那様ジェラルドとのロマンスは、限りなくスイート。そんなおばあちゃんが紹介してくれたのが、この「マッケローニ・ア・デッシータ」。カヴァテッリ（P.92）の一種で、ラケーレおばあちゃんが暮らすプーリア州サンターガタ村のクリスマス料理です。「このパスタが一番好き。形を作るのが楽しいの」とおばあちゃんはいいます。

村の他の家ではセモリナ粉を使いますが、ラケーレおばあちゃんの家では00粉を使うのが伝統で、他の魚より手に入りやすくて値段も安いコウイカと料理します。イカに詰めものをしてトマトソースで煮込み、イカの旨味がでたトマトソースはパスタにあわせ、イカはメインディッシュとしてパスタのあとにいただきます。

材料（4〜6人分）

❖マッケローニ・ア・デッシータ
00粉（強力粉＋中力粉）…400g
水…180〜200ml
＊00粉はセモリナ粉（細挽き）で代用しても。水量は生地の状態によって微調整すること。

❖イカのトマト煮込み
コウイカ（またはヤリイカ／下拵えしたもの）…大1杯
（約600g）
パッサータ（トマトピュレ）…400g
食パン（硬くなったもの）…200g
にんにく（みじん切り）…2片分
イタリアンパセリ（みじん切り）…大さじ1
牛乳…大さじ4
エキストラ・バージン・オリーブオイル、塩…各適量

❖トッピング
食パン（硬くなったもの）…150g
イタリアンパセリ（粗みじん切り）…大さじ1
にんにく（みじん切り）…1片分
エキストラ・バージン・オリーブオイル…適量

作り方

Step 1. パン粉を作る

1.イカのトマト煮込みとトッピング用のパンをフードプロセッサーの中速にかけ、食感が残る程度に細かく砕く。

Step 2. イカのトマト煮込みを作る

1.ボウルにStep 1のパン粉（200g）、にんにく、イタリアンパセリ、塩、オリーブオイル（大さじ1）を入れてざっと混ぜ、牛乳を少しずつ加えながらよく混ぜる。
＊牛乳の量はパン粉がしっとりする状態を目安に、足りなければ、水っぽくならない程度に加えます（分量外）。
2.イカの足を細かく切り、1に加えて混ぜあわせたら、イカの胴に詰めて金串で閉じる。
3.鍋にオリーブオイル（適量）を入れて中火で熱し、2のイカを入れて両面を計10分焼く。
4.パッサータを加えて塩をし、蓋をして弱火で1時間ほど煮込む。
＊水分が足りなくなったら、水（分量外）を加えます。

Step 3. トッピングを作る

1.ボウルにStep 1のパン粉（150g）、イタリアンパセリ、にんにくを入れて混ぜる。
2.フライパンに底が隠れるくらいオリーブオイルを入れて弱火で熱し、1を入れ、絶えず炒めながらパン粉がカリっときつね色になるまで10分ほど炒める。

Step 4. マッケローニ・ア・デッシータを作る

1.パスタ生地を作り（P.20）、よく絞った濡れ布きんをかぶせて30分休ませる。
2.生地を100gずつに分け、転がして直径1cmの細い棒状にのばし、長さ3〜4cmに切り分ける。
3.生地を横長に置き、指2〜3本を生地に押しあて、

こね台にこすりつけるようにしながら手前に引いて
巻き込み、円筒状にする。残りの生地も同様に成形
する。

Step 5. 仕上げる

1.大鍋に湯を沸かして塩（分量外）を加え、マッケロ
ーニを入れて、静かに沸騰する火加減で2〜3分ゆ

でる。

2.Step 2 の鍋からイカを取りだし、筒切りにする。ト
マト煮込みのソースは少量取り分けておく。

3.マッケローニの湯を切り、Step 2 の鍋に入れて煮
込みとあえ、器に盛って Step 3 のトッピングをふり
かける。

*煮込んだイカとソースは、別の器に盛る（左上）。

LINA'S TACCUNA WITH TUNA, ARTICHOKES AND PRAWNS

リナおばあちゃんのタックーナ 魚介とアーティチョークのソース

シチリア島の海辺の町、マルザメーミにあるレストラン「タヴェルナ・ラ・チャローマ」。店内はオレンジと紺碧のタイルで彩られ、ヴィンテージのレースで飾られています。店を切り盛りするリナおばあちゃんは70歳。「私は家庭料理を作っているだけ」と謙遜します。

私たちが取材に訪れたのは、マグロ漁がはじまる直前の春の朝。ハガツオというサバ科の大型魚を使ってパスタを作ってくれました。

「タックーナ」は、シチリアでもこのエリアだけに見られる幅広の短いリボン状パスタ。リナおばあちゃんはシチリア産の伝統的なデュラム小麦の挽きたてを使うので、ナッツのような風味とざらざらした食感を楽しめます。

材料（6人分）
✤タックーナ
セモリナ粉（できれば古代種）…600g
ぬるま湯（人肌程度）…270〜300ml
*湯量は生地の状態によって微調整すること。

✤魚介とアーティチョークのソース
ハガツオの切り身（またはマグロの切り身／3cm大の角切り）…300g
クルマエビ（または赤エビ／殻つき）…12尾
アーティチョーク…大6個
レモン…1/2個
レモン汁…1個分
エキストラ・バージン・オリーブオイル…大さじ4
にんにく（皮をむいて丸ごと）…大1片
イタリアンパセリ（粗みじん切り）…大さじ山盛り3
赤唐辛子（パウダー）…ひとつまみ
白ワイン、水、塩…各適量

✤仕上げ
パルミジャーノ・レッジャーノ（できれば30カ月熟成のもの／すりおろす）…20g

作り方
Step 1. アーティチョークとエビを下拵えする
1.アーティチョークを下拵えする（P.72）。
*ただし、茎は切り落とさない。
2.アーティチョークをレモン水ごと鍋にあける。塩（小さじ1）を加えて蓋をし、とろ火でアーティチョークに竹串がすっと刺さるまで30分ほどゆでる。

*鍋にあけた時、必要であれば水を足し、アーティチョークにかぶるくらいの状態にします。
3.アーティチョークの湯をきり、縦方向に6つに切る。
4.エビの背の中央につまようじを差し込み、背わたを取る。流水でよく洗い、水気をふき取る。

Step 2. タックーナを作る
1.パスタ生地を作り（P.20）、よく絞った濡れ布きんをかぶせて30分休ませる。
2.生地を厚さ2〜5mmにのばし、長さ15cm×幅2.5cmほどの短冊状に切り分ける。切った生地はほぐして広げ、打ち粉（分量外）ふっておく。

Step 3. 魚介とアーティチョークのソースを作る
1.フライパンにオリーブオイルをひいて中火〜強火で熱し、にんにくを包丁でつぶして入れ、イタリアンパセリ、ハガツオ、塩（ひとつまみ）、赤唐辛子を加え、ハガツオの表面が白くなるまでさっと炒める。
2.ワイン（少量）を加えてひと煮立ちさせ、Step 1のアーティチョークを加えてさらに炒める。魚の中まで火がとおったら火を消す。

Step 4. 仕上げる
1.大鍋に湯を沸かして塩（分量外）を加え、タックーナを入れて、静かに沸騰する火加減で3〜4分ゆでる。
*可能なら、Step 3のソースを作る前に沸かしはじめるのがベスト。
2.タックーナを穴杓子ですくって湯をきり、Step 3-2のフライパンに入れてソースとからめる。
*ゆで汁は捨てずに取っておきます。

3.Step 1-4のエビをパスタのゆで汁に入れ、ピンク
色になるまで1分ほどゆでる。湯をきり、ソースのフ
ライパンに入れてさっと混ぜる。

4.パルミジャーノをふりかけて全体をからめる。
5.器に盛りつける。

ROSETTA'S PASTA WITH SARDINES

ロゼッタおばあちゃんの
イワシのパスタ

「コン・レ・サルデ（イワシのパスタ）」といえば、パレルモ発祥の松の実とレーズン入りのものが有名ですが、ロゼッタおばあちゃんが教えてくれたのは、標高900mのカルタベッロッタ村のレシピ。かつては、聖ヨセフの日（3月19日、イタリアでは「父の日」）と、復活祭に食べるのが習慣でした。このレシピには乾燥パスタを使うので、気軽に作ってみてください。

ロゼッタおばあちゃんは、ルヴィデッリというフック形の細めのマッケローニを使いますが、ブカティーニでもOK。彼女はまた、ストラットゥという超濃厚なトマトペーストを使います。毎年夏に、塩をふったトマトの果肉のピュレを木の板の上に広げ、4～5日天日干しにして手作りするのです。ストラットゥの代わりに、ポモドーロ・コンチェラートを使えば、一気に本格的な現地の味に近づきます。

材料（6人分）

乾燥パスタ（市販のブカティーニ）…500g

❖イワシのトマトソース

イワシ（3枚におろしたもの）…18枚
アンチョビ（フィレ）…6枚
パッサータ（トマトピュレ）…200g
トマトペースト…大さじ山盛り3
玉ねぎ（みじん切り）…1個分
エキストラ・バージン・オリーブオイル…大さじ4
にんにく（皮をむいて丸ごと）…1片
00粉（または強力粉＋中力粉）、植物油、塩…各適量

❖トッピング

パン粉（極細目）…150g
グラニュー糖（細目）…大さじ1
フェンネルの葉（またはイタリアンパセリかディル／刻む）…500g

作り方

Step 1. トッピングを作る

1.フッ素樹脂加工のフライパンを弱火で熱し、パン粉を入れて絶えずかき混ぜながら、きつね色になるまで炒める。砂糖を加えて全体をかき混ぜる。
2.大鍋に湯を沸かして塩（適量、分量外）を加え、フェンネルを入れて茎までやわらかくなるまでゆでる。湯をきってひと口大に切る。
＊フェンネルのゆで汁は捨てず、パスタをゆでるた

めに取っておきます。

Step 2. イワシのトマトソースを作る

1.大きめのフライパンにオリーブオイルをひいて中火で熱し、にんにくと玉ねぎを入れ、玉ねぎがうっすら色づくまで炒める。
2.アンチョビを加えてフォークで崩しながらなじませ、パッサータとトマトペーストを加える。
3.塩で味をととのえ、Step 1のゆで汁（200ml）を加えて1時間ほど弱火でゆっくり煮込む。45～50分たったら、Step 1のフェンネル2/3量とイワシ6枚を加える。
4.残りのイワシ12枚に粉をまぶす。小鍋に植物油をたっぷり入れて中温（170℃前後）に熱し、イワシを片面1分程度ずつ揚げる。揚げたイワシはキッチンペーパーに取り、油をきっておく。
＊竹串を植物油に入れ、揚げごろを確認します。串からジューと細かい泡がでればOK。

Step 3. 仕上げる

1.フェンネルのゆで汁を沸かして塩（適量、分量外）を加え、パスタをパッケージの表示時間より1分短く、静かに沸騰する火加減でゆでる。
2.パスタの湯をきり、Step 2-3のフライパンに入れてソースとからめる。
3.器にパスタを盛りつけ、揚げたイワシを1人につき2尾ずつのせ、残りのフェンネルをあしらい、Step 1-1のパン粉をふりかける。

BEATRICE'S BARLEY MACCHERONI WITH SEAFOOD

—

ベアトリーチェおばあちゃんの
ミンキアレッディ
魚介のラグー

ベアトリーチェおばあちゃんは、プーリア州のバトゥに暮らしています。母親が病気になったため、10歳で学校をやめ、祖母を手伝って料理や弟や妹の世話をしました。料理が大好きというベアトリーチェおばあちゃん。「私の手料理で、家族がひとつになれるってすてきでしょ。弟はスイスに、妹は北イタリアに住んでいるの。春に戻って来ると、一緒にヒナゲシを摘んで、にんにくと一緒にオリーブオイルで炒めてペーストを作るの。みんなで食卓を囲んでパンに塗って食べる時、つくづく幸せを感じるわ」と、嬉しそうに語ります。

ベアトリーチェおばあちゃんが子どもの頃、魚や肉を食べるのは、お祝いの時か病気になった時だけでした。だから、今でも豆と野菜が一番好きなのだそう。そしてもちろんパスタも！ そんな彼女が教えてくれたのは、「ミンキアレッディ」という筒形のショートパスタ。いわゆるマッケローニで、「小さなペニス」という意味。ベアトリーチェおばあちゃんは、生地を大麦だけで作りますが、大麦はグルテンが少ないので、まとまりにくくて厄介です。裏技を使うなら、グルテン粉を大さじ2加えてください。こねるのがずっと楽になります。

「大麦粉はセモリナ粉を少し混ぜると扱いやすくなるわ」という、ベアトリーチェおばあちゃんのアドバイスどおり、ここでは大麦粉と細挽きのセモリナ粉を1：1で混ぜて使うレシピを紹介します。大麦粉にこだわる理由？ それは、大麦粉のナッツのような風味が魚介と相性バッチリだから！ ミンキアレッディを筒状に成形するには、長い串とほぼ同じ寸法の棒を用意します。南イタリアでは「フェーロ（イタリア語で鉄の意味）」という、断面が四角い金属製の棒を使いますが、編み棒で代用できます。あるいは、傘の骨や金串、乾燥した植物の茎（P.52）、小枝（P.185）などを使ってもよいでしょう。

材料（6人分）
♣ミンキアレッディ
大麦粉…500g
セモリナ粉（細挽き）…100g
水…270〜300ml
＊水量は生地の状態によって微調整すること。

♣魚介のラグー
イカ（下拵えしたもの／輪切り）…500g
ムール貝（下拵えしたもの／ P.149 Step 2-1）…400g
あさり…400g
エビ…大8尾
トマト（乱切り）…250g
にんにく（みじん切り）…1片分
エキストラ・バージン・オリーブオイル…大さじ4
白ワイン…½カップ
塩…適量

♣仕上げ
イタリアンパセリ（粗みじん切り）…大さじ4

作り方

Step 1. ミンキアレッディを作る

1.粉2種をこね台の上（またはボウル）に広げてよく混ぜ、くぼみを作る。

2.くぼみに少しずつ水を注ぎながら、手で握るようにして粉と水を混ぜあわせ、全体に水分を行き渡らせる。

3.生地を10分ほどしっかりこねる。なめらかになり、手や台につかなくなったらこねあがり。よく絞った濡れ布きんをかぶせて30分休ませる。

*生地がまとまらずボロボロするようなら、セモリナ粉と水（いずれも分量外）を加えて調整すること。また、大麦はグルテンが少なく生地がつながりにくいので、相当しっかりこねる必要があります。

4.生地をひとつかみ取り、転がして直径1cmの棒状にのばし、長さ3cmに切り分ける。

5.生地を横長に置き、棒を平行にのせて軽く押し込む。左手（右手がきき手の場合）で棒をつかみ、右手

を生地の上にのせて押しつけるように前後に転がし、生地を棒に巻きつけて筒形にする。残りの生地も同様に成形する。

*成形する際には、こね台の端っこの方に生地を置き、棒をつかんだ左手は台からはみでる状態で行います。そうしないと、棒が斜めになり、うまく成形できません。

Step 2. 魚介のラグーを作る

1.大きなフライパン（できれば中華鍋）にオリーブオイルひいて中火で熱し、にんにくを入れてにんにくの香りがでるまで軽く炒める。魚介とトマトを加えてさっと炒め、ワインを加えて蓋をし、貝が開くまで5分蒸し煮にする。

2.開かない貝を取りだして捨て、フライパンをゆすって全体をよく混ぜる。

Step 3. 仕上げる

1.大鍋に湯を沸かして塩（分量外）を加え、ミンキアレッディを入れて、静かに沸騰する火加減で4〜5分ゆでる。

*ひとつ食べてゆで加減を確認すること。

2.ミンキアレッディの湯をきり、Step 2のフライパンに入れて塩（分量外）で味をととのえ、全体を混ぜてからめる。

*この生地はもろいので、穴杓子やパスタレードルを使って湯をきります。

3.器に盛りつけ、イタリアンパセリを散らす。

*伝統的にチーズをかけずにいただきます。

VANDA'S TAGLIOLINI WITH SHRIMP

ヴァンダおばあちゃんの
タリオリーニ
シャコのソース

エミリア＝ロマーニャ州、ポー川のデルタ地帯の真ん中にたたずむ老舗レストラン、「ラ・カパンナ・ディ・エラクリオ（エラクリオの小屋）」。水路があたりをめぐり、空ははてしなく広く、大地のひずみが見てとれます。かつては、広大な畑で農夫たちが汗水たらして働き、その一角にエラクリオ家の住まいがありました。一家は食料品店を営み、いつしかお昼の軽食を売るようになり、やがてレストランになったのです。今ではミシュランの1つ星を獲得していますが、店の雰囲気もインテリアもアットホームなまま。ヴァンダおばあちゃんは、エラクリオ家のお嫁さん。マントヴァから嫁いできてすぐに、厨房で働きはじめたそうです。ヴァンダおばあちゃんは89歳の今も、魚を焼くためのグリルに石炭をくべます。彼女の朝はいつもパスタ作りではじまりますが、これは60年以上続けているルーティーン。

アドリア海に近く、新鮮な魚介が手に入るこの地域ならではの、シャコを使ったこのレシピには、「タリオリーニ」をあわせます。タリアテッレとよく似ていますが、3mm幅とかなりスリム。いずれのパスタもこの地が発祥ですが、ヴァンダおばあちゃんがいうには、タリオリーニはシーフード系のソースと相性がよいのだとか。生地を切り分ける際には、大きなストレート刃の包丁を使うのがおすすめです。

材料（4人分）

♣タリオリーニ

セモリナ粉（細挽き）…400g

卵…4個

*生地の状態によって粉の量を微調整すること。

♣シャコのソース

シャコ（または手長エビ／殻つき）…800g

フェンネルシード（パウダー）…小さじ½

アニス風味のリキュール（ペルノ、パスティス、ウゾなど）…大さじ1

エキストラ・バージン・オリーブオイル…大さじ2

赤唐辛子（生／小口切り）…1本分

にんにく（皮をむいて丸ごと）…1片

氷、塩…各適量

♣仕上げ

イタリアンパセリ（粗みじん切り）…適量

作り方

Step 1. タリオリーニを作る

1.パスタ生地を作り（P.18）、よく絞った濡れ布きんをかぶせて30分休ませる。

*伝統的にこの地域では、パスタには軟質小麦が使われますが、ヴァンダおばあちゃんは、セモリナ粉と卵を使い、コシの強い生地に仕上げます。

2.生地を厚さ1mmほどにごく薄くのばし、そのままおいて片面10分ずつ乾かす。

*乾かすことで、切った生地がくっつきにくくなります。乾かす時間は天候と部屋の湿気によりますが、生地をたたむ時に割れない程度を目安としてください。ヴァンダおばあちゃんは、天井扇風機を10分オンにして、生地を乾かします。

3.生地に打ち粉（分量外）をふり、生地の両側からそれぞれ中心までたたむ：手前の生地を中心に達するまで数回たたみ、向こうからも中心までたたみ、両側に軸のある巻物を巻いたような形にする。手前の生地を折り返して2つ折りにし、よく切れる刃の長い包丁で3mm幅に切り分ける。

*ある程度切ったら、生地をふってほぐし、台の上に広げておく。

4.すべて切りおわったら4人分に分け、それぞれ鳥の巣状に巻いてバットの上に並べておく。

Step 2. シャコの下拵えをする

1.鍋に湯を沸かして塩（適量）を加え、シャコを入れて色が変わるまで1分ほどゆでる。

*塩はパスタをゆでる時と同じくらいの量を加えます。

2.シャコをザルに取って湯をきり、手で触れるくらいになったら殻をむく：頭と尾を包丁で切り落とし、胴体の両脇をキッチンバサミで切り、身を取りだす。

*殻は捨てずに取っておきます。

Step 3. シャコのブイヨンを作る

1.鍋にStep 2-2で取っておいたシャコの殻、フェンネルシード、リキュールを入れて中火にかけ、ひと混ぜしてから氷で表面全体を覆い、蓋をしてごく弱火で45分ほど煮る。

*この方法でシャコの風味と旨味を最大限に引きだします。

2.別の鍋に1を漉し入れ、100mlになるまで弱火で煮詰める。

Step 4. シャコのソースを作る

1.大きめのフライパンにオリーブオイルをひいて弱火で熱し、赤唐辛子とにんにくを入れてにんにくのよい香りがでるまで炒める。

2.にんにくを取りだし、Step 2のシャコとStep 3-2のブイヨンを加え、強火で30秒さっと炒める。

*にんにくは色づく前に取りだし、オイルに香りを強くつけすぎないのが、ヴァンダおばあちゃん流。

Step 5. 仕上げる

1.大鍋に湯を沸かして塩（分量外）を加え、タリオリーニを入れて、静かに沸騰する火加減で1分ゆでる。

*可能なら、Step 4のソースを作る前に沸かしはじめるのがベスト。

2.タリオリーニの湯をきり、Step 4のフライパンに入れて、強火であおるように炒めてソースとからめながら水分をとばす。塩（分量外）で味をととのえる。

3.器に盛りつけ、イタリアンパセリを散らす。

ROSA'S MACCHERONI A CANNICELLA WITH SALT COD AND DRIED RED PEPPERS

ローザおばあちゃんの マッケローニ・ア・ カンニチェッラ 塩漬けタラと 乾燥パプリカのソース

ローザおばあちゃんが暮らすのは、バジリカータ州サンタルカンジェロ村の旧市街。村を見下ろす渓谷には、ローザおばあちゃんの広大な野菜畑と果樹園が広がっています。
「マッケローニ・ア・カンニチェッラ」は、エニシダの小枝に生地を巻きつけて作るマッケローニ。これにあわせるのは、地元特産の大型の赤パプリカを乾燥させた「ペペローニ・クルスキ」に、塩タラという珍しい組みあわせの料理。その起源は17世紀で、当時、バジリカータの裕福な家庭は、宗教上の理由から肉を摂らない日に、この料理を食べるのが習慣でした。
塩漬けの干しタラは、たっぷりの冷水に数日間つけて戻す必要があります。水は4～6時間おきに替えましょう。ペペローニ・クルスキが手に入ったら、素揚げにして砕いてトッピングとして散らしても、またポテトチップスのように食べてもおいしいです。

材料（4人分）

❖マッケローニ
セモリナ粉（細挽き）…400g
水…1カップ
＊水量は生地の状態によって微調整すること。

❖塩漬けタラと乾燥パプリカのソース
塩漬けの干しタラ（水で戻してひと口大に切る）…500g
ペペローニ・クルスキ（パウダー／またはパプリカパウダー）…大さじ2
エキストラ・バージン・オリーブオイル…大さじ4
にんにく（皮をむいて丸ごと）…2片
アンチョビ（フィレ／みじん切り）…12枚分

作り方

Step 1. マッケローニを作る

1.パスタ生地を作り（P.20）、よく絞った濡れ布きんをかぶせて30分休ませる。
2.生地をひとつかみ取り、転がして直径1cmほどの棒状にのばし、長さ3cmに切り分ける。
3.生地を横長に置き、棒を平行にのせて軽く押し込む。左手（右手がきき手の場合）で棒をつかみながら、右手を生地の上にのせて押しつけるように前後に転がし、生地を棒に巻きつけて筒形にする。残りの生地も同様に成形する。生地を布きんの上に広げて少し乾かす。

＊閉じ目が完全に閉じなくてもOK。棒にゆるく生地を巻きつけるのがおばあちゃん流。乾かす目安は、生地の表面が乾燥し、手につかなくなるまで。

4.パスタ用に大鍋に塩（分量外）をした湯を沸かしはじめる。

＊湯を沸かしている間に、ソースを作ります。

Step 2. 塩漬けタラと乾燥パプリカのソースを作り、仕上げる

1.大きめのフライパンにオリーブオイルをひいて中火で熱し、にんにくと干しタラを入れて5分炒める。干しタラを炒めている間に、マッケローニをStep 1-4の大鍋に入れ、静かに沸騰する火加減で5分ゆでる。
2.にんにくと干しタラを取りだし、にんにくは捨てる。
3.2のフライパンにペペローニ・クルスキのパウダー、マッケローニのゆで汁（レードル1杯）を入れ、マッケローニの湯をきって加え、中火で2～3分煮る。
4.干しタラを戻し、アンチョビを加えて全体を混ぜる。
5.皿に盛りつける。

TERESA'S MUSSELS WITH 'MARITATI' PASTA

テレザおばあちゃんの
マリターティ
ムール貝のトマトソース

「マリターティ」とは「既婚」という意味。「オレッキエッテ」と「ミンキアレッディ」の2種のパスタをあわせるので、こう呼ばれています。オレッキエッテは小さな耳たぶ形のパスタ、ミンキアレッディはマッケローニ。それぞれ女性と男性を象徴しています。どちらか一方だけでもよいですが、2種をミックスしたほうがだんぜん見栄えがします。

このレシピを紹介してくれたテレザおばあちゃんは、ここでも使うムール貝が豊富なプーリア州の最南端に暮らしています。ムール貝の下拵えは難しくありませんが、殻が割れているものや、殻が開いていて手でたたいても閉じないものは、使わずに捨てましょう。

材料（4人分）

❖マリターティ（オレッキエッテ&ミンキアレッディ）
セモリナ粉…400g
ぬるま湯（人肌程度）…180〜200ml
*湯量は生地の状態によって微調整すること。

❖ムール貝のトマトソース
ムール貝…2kg
パッサータ（トマトピュレ）…500ml
エキストラ・バージン・オリーブオイル…大さじ4
にんにく（皮をむいて半分に切る）…3片分
青唐辛子（生／細い小口切り）…1本分
塩…小さじ1

❖仕上げ
イタリアンパセリ（粗みじん切り）…大さじ2

作り方

Step 1. マリターティを作る

1.パスタ生地を作り（P.20）、よく絞った濡れ布きんをかぶせて30分休ませる。
2.オレッキエッテを作る：半量の生地を転がして直径1cmの長い棒状にのばし、端から1cm幅に切り分ける。生地の切り口を上下にして置き、テーブルナイフの刃を生地の向こう側にあてる。ナイフを軽く押すようにしながら手前に引き、丸めるようにくぼみをつける。生地をナイフからそっとはずしながら、親指でくぼみを押して裏返す（P.150上）。残りの生地も同様に成形する。

*ナイフで成形すると、表面にザラザラができて、よりソースがからみやすくなります。
3.ミンキアレッディを作る：残りの生地で、ミンキアレッディを作る（P.140 Step 1-4&5、P.150下）。

Step 2. ムール貝の下拵えをする

1.表面についている汚れをタワシでこすり、貝からはみだしているひげを引き抜く。
*割れているものや、すでに開いている貝でたたいても閉じないものは捨てます。
2.ナイフを上下の殻の隙間に滑り込ませ、上殻に沿わせるようにナイフをすべらせ殻を開ける。汁はボウルに入れ、身はかきだしたあとボウルに入れる。残りのムール貝のうち8個を仕上げ用に取り分けたら、その他は同様に身をはずす。
*ムール貝を持つ手に軍手をするか、タオルなどで保護しながら作業します。また、ムール貝が水平になるように持ち、汁をこぼさないように注意します。
3.取り分けておいた8個の、上殻のみ取り除く。
*下殻は取りはずしません。

Step 3. ムール貝のトマトソースを作り、仕上げる

1.フライパンにオリーブオイルをひいて中火で熱し、にんにくと青唐辛子を炒め、パッサータと塩を加えてひと混ぜし、弱火にして20分ほど煮込む。
2.大鍋に湯を沸かして塩（分量外）を加え、マリターティを入れて、静かに沸騰する火加減で5分ほどゆでる。
*ソースを煮込んでいる間にパスタをゆでます。ひと

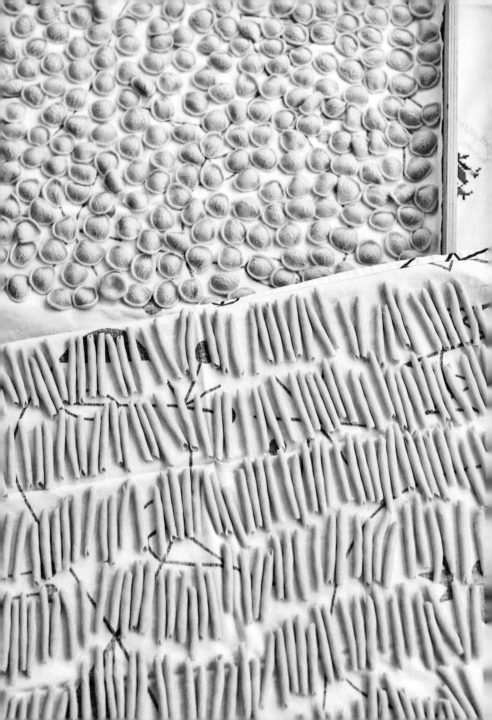

つ食べてゆで加減を確認すること。

3.1にStep 2-2のムール貝の身と汁を加えてひと混ぜし、Step 2-3の上殻のみ取り除いたムール貝を加えて中火で3〜4分煮る。

4.マリターティの湯をきり、3に入れてソースとあえ、器に盛りつけてイタリアンパセリを散らす。

Recipe 6

Meat

肉のパスタ

かつて肉は貴重だったので、この章で紹介するレシピは、結婚式や復活祭、クリスマスなど「ハレの日」に食べるごちそうでした。そして、パスタは贅沢な食材の価値をさらに高めてくれるものだったのです。でも今は、パスタ生地を作りさえすれば、いつでもこうした料理を食べることができます。この章では、イタリア各地の肉が主役のパスタ料理を紹介しましょう。

FRANCA'S CLASSIC LASAGNA FROM BOLOGNA

**フランカおばあちゃんの
正統派ボローニャ風ラザーニャ**

世界中で市民権を得ている「ラザーニャ」ですが、中部のエミリア・ロマーニャ州が発祥の地です。フランカおばあちゃんは、その州都、ボローニャの南に広がる丘陵地帯に暮らし、オーガニックで野菜を育てています。彼女のラザーニャ生地は、古代小麦を石臼で挽いて使うので、ざらざらした食感が魅力。フランカおばあちゃん曰く、「ラザーニャはパスタ料理だということを忘れないで！ 肉のラグーソースはわき役だから、ラザーニャを層に重ねるときに控えめにね。由緒正しいボローニャ風ラザーニャは、ラザーニャ生地が少なくとも5層は必要よ！」。

材料（4人分）
❖ラザーニャ
00粉（または強力粉＋中力粉）…200g
卵…2個
＊生地の状態によって粉の量を微調整すること。

❖牛と豚のラグーソース
牛挽き肉…500g
豚挽き肉…500g
パッサータ（トマトピュレ）…680g
エキストラ・バージン・オリーブオイル…大さじ4
セロリ（みじん切り）…20cm3本分
にんじん（みじん切り）…2本分
玉ねぎ（みじん切り）…1個分
パンチェッタ（生ベーコン）…150g
白ワイン…大さじ5
塩…適量

❖ベシャメルソース
小麦粉（強力粉＋中力粉）…100g
バター…50g
牛乳…5カップ
ナツメグ（おろしたて）、塩、こしょう…各適量

❖仕上げ
パルミジャーノ・レッジャーノ（すりおろす）、冷水…
各適量

作り方
Step 1. 牛と豚のラグーソースを作る
1.パンチェッタは包丁でたたいて、粗いペースト状
にする。
2.鍋にオリーブオイルをひいて中火で熱し、セロリ、
にんじん、玉ねぎを入れ、玉ねぎが透明になって野
菜がしんなりするまでじっくり炒める。
3.1のパンチェッタを入れて中火で炒め、さらに牛肉
と豚肉、塩（たっぷりひとつまみ）を加える。木べらで
肉をほぐしながら肉の色が変わるまで炒め、ワイン
を加えてひと煮立ちするまでさらに炒める。
4.パッサータを加えて弱火にし、時々かき混ぜなが
ら、ソースの色が深みを帯びてどろっと濃厚になる

まで2時間ほど煮込む。

Step 2. ラザーニャを作る
1.パスタ生地を作り（P.18）、よく絞った濡れ布きん
をかぶせて30分休ませる。
2.生地を厚さ1mmほどに薄くのばし、耐熱皿の3分
の1〜半分程度のサイズの長方形に切り分ける。
＊大きな耐熱皿（縦40×横30×高さ7cmほど）が理想
的ですが、手持ちの耐熱皿を2枚使ってもOK。

Step 3. ベシャメルソースを作る
1.鍋にバターを入れて弱火で溶かし、粉を入れ、ホ
イッパーでかき立てながら粉とバターをなじませ、さ
らに2分ほど炒めるように加熱して完全に粉っぽさを
なくし、牛乳をゆっくり少しずつ加えてよく混ぜる。
2.牛乳をすべて加えきったら沸騰させ、かき立てな
がらクリーム状になるまで煮て、最後にナツメグ、
塩、こしょうで味をととのえる。

Step 4. 仕上げる
1.大鍋に湯を沸かして塩（分量外）を加える。冷水を
入れた大きなボウルを用意しておく。
2.湯が沸騰したら、一度にラザーニャ2〜3枚を入れ
て、静かに沸騰する火加減で2〜3分ゆでる。
3.ラザーニャの湯をきり、すぐに1の冷水にあけて
余熱で火がとおるのをとめる。
4.ラザーニャを布きんに取り、軽くたたいて水分を
吸い取る。
5.オーブンを180℃に温める。
6.耐熱皿の底にStep 1のラグーソースを薄く広げ、
ラザーニャ数枚を重ならないように1層に並べ、は
みでた生地はカットする。
7.再びラグーソースを少し多めに広げ、スプーンの
背で隅までのばしてならす。
8.さらにベシャメルソースを広げ、パルミジャーノを
まんべんなくたっぷりかける。ラザーニャ、ラグーソー
ス、ベシャメルソース、パルミジャーノの順で層に
なるように重ね、最後はパルミジャーノをふりかける。
9.180℃のオーブンで焦げ目がつくまで20分焼く。
10.オーブンから取りだし、15分ほどおいて落ち着
かせたら切り分け、器に盛りつける。

ALBA'S TAGLIATELLE WITH RAGÙ

アルバおばあちゃんの
タリアテッレ
牛と豚のラグーソース

イタリアでは「タリアテッレ」といえば、肉のラグーソースが定番です。ボロニェーゼ（ボローニャ風）の名で知られるこのパスタの、本場の味を伝授してくれたのは、アルバおばあちゃん。エミリア＝ロマーニャ州のワイナリー「カンティーナ・ブラスキ」のオーナーのおばあさまです。アルバおばあちゃんは濃紺の紋織りのワンピースに、ヴェルサーチのトレーナー、ドロップイヤリング、トルコブルーのネックレスを身につけ、86歳の今もカジュアルシックのお手本のような装い。おしゃれが好きで、若いときは洋品店で働いていたのだとか。16歳で結婚し、夫の農園を手伝いました。やがて夫婦で農家民宿を営むと、料理が評判になり繁盛しましたが、今はアドリア海沿岸のチェゼーナでレストランの経営に専念しています。

アルバおばあちゃんは、この料理をおいしく作る秘訣を教えてくれました。まず、この地域ではラグーに牛乳を加えるのが一般的。クリーミーさと甘さが加わる上に、トマトの酸味とハーモニーが生まれるからです。また彼女は、パッサータ（トマトピュレ）の代わりに、ホールトマト缶をハンドブレンダーでつぶして使います。そして、のばしおえたパスタ生地が少しやわらかい場合は、巻くときにくっつかないよう、生地の表面にパルミジャーノをふりかけてから巻き、リボン状に切り分けます。切った生地はふってほぐし、粉チーズはふり落とします。アルバおばあちゃんは打ち粉をたくさんふるのがあまり好きではないため、こんな風に作るのだそうです。

1972年、ボローニャ商工会議所に、タリアテッレ・アラ・ボロニェーゼ（ボローニャ風タリアテッレ）の公式レシピが登録されました。それによると、赤ワインをグラス半杯加えることになっています。アルバおばあちゃんは加えませんが、ここで紹介するレシピには加えてあります。材料は若干異なっても、おいしいラグーの秘訣は長時間ゆっくりと煮込むことだそうです。

材料（4人分）
♣タリアテッレ
00粉（または強力粉＋中力粉）…400g
卵…4個
＊生地の状態によって粉の量を微調整すること。

♣牛と豚のラグーソース
牛挽き肉…200g
豚挽き肉…200g
ホールトマト（缶詰）…1缶（400g）
トマトペースト…大さじ1
パンチェッタ（生ベーコン／拍子木切り）…150g
にんじん（みじん切り）…1本分
セロリ（みじん切り）…20cm分
玉ねぎ（みじん切り）…1個分
牛乳…150ml
ローリエ…1枚
赤ワイン…125ml
ナツメグ（おろしたて）…たっぷり
塩…適量
＊ホールトマトは、できればサンマルツァーノ種やミ
ニトマトの水煮を用意します。

♣仕上げ
パルミジャーノ・レッジャーノ（すりおろす）…適量

作り方
Step 1. タリアテッレを作る
1.パスタ生地を作り（P.18）、よく絞った濡れ布きん
をかぶせて30分休ませる。
2.生地を厚さ1mmほどのごく薄いシート状にのば
し、そのまま5分おいて少し乾かす。
3.生地をカーペットのように巻き、端から約7mm幅
の帯状に切り分ける（P.159）。
＊生地の端がすぐに乾燥するのを防ぐには、4本の
生地を手にもってゆすってほぐし、指にかけ、両側に
垂れた端をまとめてつかみ、そのまま手のまわりに
巻きつけて鳥の巣状にして、端は内側に収めておき
ます。

Step 2. 牛と豚のラグーソースを作る
1.ホールトマトをハンドブレンダーの中速で撹拌して
なめらかなピュレ状にする。
2.厚手の鍋（または深型のフライパン）を中火で熱し、
パンチェッタを脂が溶けるまで炒める。
3.にんじん、セロリ、玉ねぎを加え、野菜がしんなり
するまで10分ほど炒める。
4.牛肉と豚肉、ワインを加え、木べらで肉を崩しなが
ら焼き色がついてワインの水分がとぶまで炒める。
5.牛乳の半量を加えてひと煮立ちさせ、さらに1のト
マト、トマトペースト、ローリエを加え、ナツメグをふ
ってひと混ぜし、ごく弱火で2〜3時間煮込む。途中
で様子を見ながら残りの牛乳を加える。
＊へらでこすると鍋底が見えるくらい煮詰めればOK。

Step 3. 仕上げる
1.大鍋に湯を沸かして塩（分量外）を加え、タリアテ
ッレを入れて、静かに沸騰する火加減で1〜3分ゆ
でる。
＊1本食べてゆで加減を確認すること。
2.タリアテッレの湯をきり、Step 2の鍋に入れてラグ
ーソースとからめる。
3.器に盛りつけ、パルミジャーノをふりかける。

TONINA'S GARGANELLI PASTA WITH 'GYPSY' SAUCE

トニーナおばあちゃんの
ガルガネッリ ジプシー風ソース

トニーナおばあちゃんは、「ガルガネッリ」作りが得意。ボローニャ郊外の小さな町、コドリニャーノで毎年8月か9月に行われる「ガルガネッリ祭り」で、数百人分のパスタを作るのが恒例になっています。ガルガネッリは、筋入りのペンネによく似た筒形パスタ。鶏の気管に形が似ていることがその名の由来。このパスタは「ペッティーネ」と呼ばれる、細い木の片が櫛状に並んだ道具の上で、生地を転がして棒に巻きつけながら筋模様をつけていきます。ニョッキボードで代用してもよいでしょう。ガルガネッリにあわせるソースは、パッサータ、グリーンオリーブ、マッシュルームの入ったカラフルな「ヴィンガラ(ジプシー風)」がこの地の定番です。

材料（4〜5人分）

❧ガルガネッリ
00粉（または強力粉＋中力粉）…400g
卵…4個
＊生地の状態によって粉の量を微調整すること。

❧ジプシー風ソース
パンチェッタ（生ベーコン／1cm大の角切り）…200g
玉ねぎ（みじん切り）…1個分
マッシュルーム（スライス）…150g
グリーンオリーブ（種を取り除く／ざく切り）…50g
パッサータ（トマトピュレ）…400g
塩…適量

❧仕上げ
赤唐辛子（パウダー／またはカイエンペッパー）…少々
パルミジャーノ・レッジャーノ（すりおろす）…適量

作り方

Step 1. ガルガネッリを作る
1.パスタ生地を作り（P.18）、ボウルをかぶせて乾燥しないようにし、30分休ませる。
2.生地を厚さ1mmほどのシート状にのばし、5cm角の正方形に切り分ける。
3.生地をニョッキボードの溝に対してひし形になるように置き、手前の生地の角に水平に棒をのせ、生地のふちを棒にかぶせる。棒を向こうに転がして生地をくるりと巻きつけ、巻きおわりを軽くおさえて閉じ目をしっかりとめる。残りの生地も同様に成形する。

Step 2. ジプシー風ソースを作る
1.フライパンを中火で熱し、パンチェッタを入れて、脂がある程度溶けるまで炒める。
2.玉ねぎを加えてうっすら色づくまで炒めたら、マッシュルーム、オリーブ、パッサータを加え、20分ほど弱火で煮込む。
＊10分ほどしたら味見をし、塩気が足りなければ塩で味をととのえます（オリーブの塩気も考慮します）。

Step 3. 仕上げる
1.大鍋に湯を沸かして塩（分量外）を加え、ガルガネッリを入れて、静かに沸騰する火加減で歯ごたえが残る状態にゆでる。
＊ひとつ食べてゆで加減を確認すること。
2.ガルガネッリの湯をきり、Step 2のフライパンに入れてソースとからめ、赤唐辛子をふって混ぜる。
3.器に盛り、パルミジャーノをふりかける。

PATRIZIA'S LASAGNA AL FORNO FROM TARANTO

—

パトリツィアおばあちゃんの
ラザーニャ・アル・フォルノ
ターラント風

ある時、トリノ郊外のミラフィオリで開催されたラザーニャ作りコンテストを取材しました。"この町ですてきに年を重ねましょう" というシニア向けイベントの一環で、20人の女性が4チームに分かれてコース料理を作り、出来栄えを競ったのです。

このコンテストで出会ったのが、パトリツィアおばあちゃん。彼女は働き口のあるトリノに移り住み、今では家族全員がここに暮らしているので、故郷のプーリア州ターラントに戻るつもりはないそう。

彼女が作ってくれた「ラザーニャ・アル・フォルノ（窯焼きラザーニャ）」は、生まれ育ったプーリア州の郷土料理。もともとは残りものを使いきるための節約精神から生まれたものですが、今では様々な具材とミートボールを加えて作るため、パーティーの料理にぴったりです。

ちなみに、イタリア人シェフのマウロ・ウリアッシによると、ミートボールの揚げ油にはライスブランオイル（米油）がおすすめとのこと。匂いがなく、発火点が高いので揚げ物に向き、近頃はイタリアで広く使われています。乾燥ラザーニャを使う場合、下ゆでが不要なタイプは避けましょう。

材料（4〜6人分）

✤ラザーニャ
セモリナ粉（細挽き）…300g
ぬるま湯（人肌程度）…150ml
*湯量は生地の状態によって微調整すること。

✤ミートボール（約50個分）
仔牛肉（または牛肉／小さく切る）…250g
豚挽き肉（または生ソーセージの肉）…150g
イタリアンパセリ（粗みじん切り）…大さじ1
ペコリーノ・ロマーノ（またはパルミジャーノ・レッジャーノ／すりおろす）…30g
ライスブランオイル（米油／または植物油）…適量

✤トマトソース
ホールトマト（缶詰）…2缶（800g）
牛挽き肉…50g
エキストラ・バージン・オリーブオイル…大さじ4
玉ねぎ（みじん切り）…1個分
にんにく（みじん切り）…1片分
にんじん（みじん切り）…1本分
セロリ（みじん切り）…20cm分
ローズマリー（粗みじん切り）…大さじ1
水、塩…各適量

✤仕上げ
牛挽き肉…150g
ハム（細切り）…250g
モッツァレラチーズ（角切り）…450g
卵（溶きほぐす）…3個分
ペコリーノ・ロマーノ（すりおろす）、冷水…各適量

作り方

この料理はラザーニャ、ミートボール、トマトソースの3つから成り立っています。作りやすい順に作りましょう。ここでは、トマトソースを煮ている間にラザーニャ生地を作る手順で紹介します。

Step 1. ミートボールを作る

1.フードプロセッサーに仔牛肉、豚肉、イタリアンパセリ、ペコリーノを入れ、中速にかけてタネを作る。冷蔵庫で30分冷やしておく。
＊冷蔵庫で冷やすと、タネがべたつかなくなります。
2.手を水で濡らし、タネを直径1.5cmほどに丸める。
3.大きめのフライパンに底が隠れるくらいオイルを入れ、中温（170℃前後）に熱し、2のタネを入れて全体に揚げ色がつくまで揚げ、キッチンペーパーに取って油をきる。
＊一度に入れすぎると温度がさがり、蒸されて揚げ色がつかないので、数回に分けて揚げます。
4.同じフライパンで仕上げ用の牛肉を中火で炒める。

Step 2. トマトソースを作る

1.鍋にオリーブオイルをひいて中火で熱し、玉ねぎ、にんにく、にんじん、セロリを入れ、野菜がしんなりするまで炒める。
2.牛肉を加え、焼き色がつくまで中火で炒める。
3.ローズマリーと塩（小さじ1）を加えて混ぜ、さらにホールトマトを加える。
4.木べらでトマトを崩しながら、トマト缶の空き缶に水（少量）を入れてすすいで加え、ソースが煮詰まってどろっとするまで弱火で40分ほど煮込む。味見をし、塩気が足りなければ塩で味をととのえる。
＊牛肉を加えることで、トマトソースの味わいに奥行きがでます。

Step 3. ラザーニャを作る

1.パスタ生地を作り（P.20）、よく絞った濡れ布きんをかぶせて30分休ませる。
2.生地を厚さ2mmほどにのばし、耐熱皿の3分の1のサイズの長方形に切り分ける。
＊大きな耐熱皿（縦40×横30×高さ7cmほど）が理想的ですが、手持ちの耐熱皿を2枚使ってもOK。

Step 4. 仕上げる

1.大鍋に湯を沸かして塩（分量外）を加える。冷水を入れた大きなボウルを用意しておく。
2.湯が沸騰したら、一度にラザーニャ2〜3枚を入れて、静かに沸騰する火加減で2〜3分ゆでる。
3.ラザーニャの湯をきり、すぐに1の冷水にあけて余熱で火がとおるのをとめる。
4.ラザーニャを布きんに取り（P.164）、軽くたたいて水分を吸い取る。
5.オーブンを180℃に温める。
6.耐熱皿の底にStep 2のソースを薄く広げ、ラザーニャ数枚を重ならないように1層に並べ、はみでた生地はカットする。
7.再びソースを少し多めに広げ、スプーンの背で隅までのばしてならす。
8.Step 1のミートボールと牛肉をまんべんなく散らし、ハム、モッツァレラチーズ、卵、ペコリーノ（50g）を広げる。再びラザーニャ、ソース、具材の順で層を重ね、ペコリーノをふりかけて仕上げる。
9.耐熱皿の表面をアルミホイルで覆い、180℃のオーブンに入れて45分焼く。
10.オーブンから取りだし、15分ほどおいて落ち着かせたら切り分け、器に盛りつける。

ANGELINA'S PAPPARELLE WITH LIVER

アンジェリーナおばあちゃんの パッパレッレ 鶏レバーの煮込み 肉のブイヨン仕立て

「パッパレッレ」は、名前こそ似ているものの、トスカーナ州の幅広いリボン状パスタ「パッパルデッレ（P.169）」とは別モノです。かつては農学者で、今はレストランのシェフという異色の経歴をもつ、ベネデットおじいちゃんが教えてくれた後者のパスタは、細く切ったリボン状で、その細さはタリオニーニをしのぎます。まるで平打ちのカペッリーニという感じ。トスカーナでは、ジビエの煮込みとよくあわせます。ここではパッパレッレを、肉のブイヨンと鶏レバーのソテー（フェガティーニ）とあわせたレシピを紹介します。ヴェローナの日曜日のランチの定番です。教えてくれたのは、アンジェリーナおばあちゃん。マンマの愛情たっぷりの料理で育った彼女の息子は、ロンドンでワインショップを営み、イタリア産の自然派ワインの魅力を発信しています。

材料（4～6人分）

❧パッパレッレ
00粉（または強力粉＋中力粉）…400g
卵…4個
*生地の状態によって粉の量を微調整すること。

❧鶏レバーの煮込み
鶏レバー…250g
バター…ひとかけ
エキストラ・バージン・オリーブオイル…大さじ1
玉ねぎ（みじん切り）…小1個分
白ワイン（辛口）…85ml
ローリエ…1枚
ローズマリー（みじん切り）…大さじ½
塩…適量
*鶏の心臓も加えれば田舎風バージョンになります。

❧仕上げ
肉のブイヨン（P.203）…4ℓ
*ここでは、ジュニパーベリー（6粒）とクローブ（3個）を加えて作ります。

作り方

Step 1. 鶏レバーを下拵えする

1.鶏レバーは白い脂肪部分を取り、ひと口大に切る。
2.ボウルに1を入れ、水（分量外）を加えてかき混ぜて洗い、さらに流水で洗う。これを3回ほど繰り返し、水気をきる。
3.別のボウルに2を入れ、塩をふりかけて軽くもみ、ラップをかけて冷蔵庫で20分置いておく。
4.3を水でさっと洗い、水気をきり、さらにキッチンペーパーで水気をふき取る。

Step 2. 鶏レバーの煮込みを作る

1.陶器製の鍋（土鍋など）にバター、オリーブオイル、玉ねぎ、Step 1の鶏のレバーを入れ、ごく弱火にかける。ひと煮立ちしたらワインとハーブ類を加えて塩を軽くふり、20分煮込む。
*心臓を加える場合は、さらに15分ほど長く煮てください。水分が足りなければ、肉のブイヨン（少量、分量外）を加え、肉が乾燥しないようにします。また、陶器製の鍋がない場合は次のように作ります。
  a.フライパンにオリーブオイルとバターを入れて弱火で熱し、バターが溶けたら玉ねぎ入れて薄く色づくまで炒める。
  b.レバーを加え、火を少し強めてレバーに軽く焼き色がつくまで木べらで炒める。
  c.ワインを注ぎ、ハーブ類を加えてひと混ぜし、20分煮込んで塩で味をととのえる。

Step 3. パッパレッレを作る

1.パスタ生地を作り（P.18）、よく絞った濡れ布きんをかぶせて30分休ませる。
2.生地を厚さ1mmにのばし、2つに切り分ける。
3.生地をカーペットのように巻き、端からできる限り細く切り分けていく。残りの生地も同様に成形する。切った生地はふってほぐし、広げておく。

Step 4. 仕上げる

1.大鍋に肉のブイヨンを沸かし、パッパレッレを入れて、静かに沸騰する火加減で1〜3分ゆでる。

2.Step 2の鶏レバーをザルにあげてレバーと煮汁に分け、ローリエは取りだす。

3.器にパッパレッレをレードルでブイヨンごとよそい、中央に2のレバーを盛りつける。

*ブイヨンの量は好みにあわせて器に盛ります。まったくブイヨンなしで食べる人もいれば、アンジェリーナおばあちゃんのようにスープ仕立てにする人も。レバーが残った場合、煮汁とバター（少量、分量外）をあわせてハンドブレンダーの中速で攪拌し、なめらかなペースト状にしてトーストしたパンに塗れば、前菜にぴったりなクロスティーニになります。

BENEDETTO'S PAPPARDELLE WITH WILD BOAR RAGÙ

—

ベネデットおじいちゃんのパッパルデッレ イノシシのラグーソース

材料（4人分）

✤ パッパルデッレ
00粉（または強力粉＋中力粉）…400g
卵…4個
エキストラ・バージン・オリーブオイル…小さじ1/2
塩…小さじ1/2
*生地の状態によって粉の量を微調整すること。

✤ イノシシのラグーソース
イノシシのマリネ
　イノシシ肉（モモ肉、肩ロース肉、ウデ肉など）…600g
　黒こしょう（砕く）…小さじ1
　ローリエ…1枚
　赤ワイン…500ml
パンチェッタ（生ベーコン／拍子木切り）…100g
玉ねぎ（みじん切り）…1個分
にんじん（みじん切り）…1本分
にんにく（みじん切り）…1片分
エキストラ・バージン・オリーブオイル…大さじ4
シナモン（パウダー）、ナツメグ（パウダー）…各小さじ1/2
カイエンペッパー…ひとつまみ
ビターチョコレート（カカオ分80%／すりおろす）…ひとかけ分
赤ワイン…500ml
セージの葉（粗みじん切り）…3枚分
セロリ、ローズマリーの葉（粗みじん切り）…各20cm分
塩…適量
*赤ワインの量はそれぞれ肉が隠れるくらいでOK。

✤ 仕上げ
パルミジャーノ・レッジャーノ（すりおろす）…適量

作り方
Step 1. イノシシのマリネを作る

1. イノシシ肉は余分な筋を取り除き、ひと口大に切る。容器に入れ、黒こしょうとローリエを加え、ワインを注いで蓋をし、冷蔵庫で12時間マリネする。
2. イノシシ肉の水気をきり、漬け汁は捨てる。

Step 2. イノシシのラグーソースを作る

1. 大きめのフライパンにオリーブオイルをひいて中火で熱し、玉ねぎ、にんじん、セロリ、にんにく、パンチェッタを入れ、野菜がしんなりするまで炒める。
2. Step 1のイノシシ肉を加えて焼き色がつくまで炒める。
3. スパイス類とチョコレートを加え、ワインを注いでひと混ぜし、塩で味をととのえ、蓋をして弱火で2〜3時間煮込む。
*途中で水分が足りなければ、水または鶏のブイヨン（P.238、いずれも分量外）を加え、肉がとろけるやわらかさになり、煮汁が少し残る状態に仕上げます。
4. セージとローズマリーを加え、全体をよく混ぜる。

Step 3. パッパルデッレを作る

1. パスタ生地を作り（P.18）、よく絞った濡れ布きんをかぶせて20分休ませる。
2. 生地を厚さ2mmのばし、カーペット状に巻き、端から2〜3cm幅に切り分ける。

Step 4. 仕上げる

1. 大鍋に湯を沸かして塩（分量外）を加え、パッパルデッレを入れ、静かに沸騰する火加減で2分ゆでる。
*1本食べてゆで加減を確認すること。好みでゆで汁（レードル1杯ほど）を捨てずに取っておき、2でゆで汁を加えて濃度を調整します。
2. パッパルデッレの湯をきり、Step 2のフライパンに入れ、ラグーソースとからめる。
3. 器に盛り、パルミジャーノをたっぷりふりかける。

IDA'S TAJARIN WITH ROAST MEAT GRAVY

イーダ おばあちゃんの
タヤリン グレイビーソース

「タヤリン」は、タリオリーニのピエモンテ方言での呼び名。卵黄をたくさん使うレシピをよく見かけますが、それは美食家やシェフに許された贅沢で、家庭向きではありません。このパスタには鶏かウサギのくず肉の煮込みをあわせるのが一般的ですが、93歳のイーダおばあちゃんは、焼いた肉の肉汁をソースに仕立てます。肉汁にバターを加え、よりリッチで濃厚な味わいにするのがイーダおばあちゃん流。このレシピで焼いた肉は、アニョロッティ・デル・プリン（P.240）に使えます。2つのパスタを同時にお試しあれ！

材料（4人分）
♣タヤリン
00粉（または強力粉＋中力粉）…400g
卵…4個
セモリナ粉…適量
＊生地の状態によって粉の量を微調整すること。

♣グレイビーソース
豚ロース肉（2cm大の角切り）…200g
仔牛肉（モモ肉、肩肉、肩バラ肉など／2cm大の角切り）…200g
ウサギ肉（または骨なし鶏もも肉／2cm大の角切り）…200g
にんにく（皮をむいて丸ごと）…1片
ローズマリー…小枝1本
白ワイン…85ml
鶏のブイヨン（P.238）…50ml
バター、塩…各適量

♣仕上げ
パルミジャーノ・レッジャーノ（できれば24カ月熟成のもの／すりおろす）…適量

作り方
Step 1. タヤリンの生地を作る
1.パスタ生地を作り（P.18）、よく絞った濡れ布きんをかぶせて30分休ませる。

Step 2. グレイビーソースを作る
1.フライパンにバター（大さじ1）を入れて弱火で溶か

し、にんにく、ローズマリー、豚肉、仔牛肉、ウサギ肉を入れて肉の色が変わるまで数分炒める。
2.ワインを注いで塩をし、1分ほど煮立てる。アルコールの匂いがしなくなったら、蓋をして15分ほど蒸し焼きにする。途中で水分が足りなくなったら、様子を見て鶏のブイヨンを加え、肉汁が少し残る状態に仕上げる。
3.肉を1つ半分に切って中まで火がとおっているかを確認し、肉、にんにく、ローズマリーを取りだす。
＊肉はアニョロッティ・デル・プリンに使用。
4.フライパンに残った肉汁にバター（少量）を加えて混ぜ、濃厚なグレイビーソースに仕立てる。

Step 3. タヤリンを作る
1.Step 1の生地を2つに分け、厚さ1mmほどに薄くのばす。
＊パスタマシンを使ってもOK。その場合、生地を約8cm幅くらいの帯状にのばします。
2.生地の表面にセモリナ粉をふり、カーペットのように巻き、よく切れるストレート刃の包丁で端から1〜2mm幅に切り分ける。残りの生地も同様に成形する。切った生地はふってほぐし、互いにくっつかないよう台の上に広げておく。

Step 4. 仕上げる
1.大鍋に湯を沸かして塩（分量外）を加え、タヤリンを入れ、静かに沸騰する火加減で1分ほどゆでる。
＊1本食べてゆで加減を確認すること。
2.タヤリンの湯をきって器に盛り、Step 2のグレイビーソースをかけて、パルミジャーノをふりかける。

SILVANA'S POTATO RAVIOLI FROM MUGELLO

—

シルヴァーナおばあちゃんの ムジェッロ風 じゃがいものトルテッリ イノシシのラグーソース

ここで紹介するトルテッリは、「トルテッリ・ディ・ムジェッロ」と呼ばれ、フィレンツェの北に位置するムジェッロ発祥の、じゃがいもを詰めたラヴィオリの一種。78歳のシルヴァーナおばあちゃんは、地元のレストランでトルテッリを20年も作っていたのに、あくまでも自分は主婦だといいます。生地は機械でこねてのばしていたとはいえ、このパスタを毎日2500個も作っていたのだとか。しかもフィリングは乾燥ポテトフレークではなく、本物のじゃがいもをマッシュ! もちろん、自宅ではすべて一から手作業です。

マッシュしたじゃがいもにトマトソースを加えず、プレーンを好む人もいますが、シルヴァーナおばあちゃんは風味豊かにするのが好み。「じゃがいもはしっかり味つけしないとダメ。さもないと、淡白な味のトルテッリになってしまうわ」といいながら、わざわざトマトソースを作ります。そんな彼女は、楽しそうにトルテッリを作るのに、食べることには特に興味がないそうです。あくまでも、喜んでくれる人のために料理をするのが好きなのだとか。

普段は牛肉を使うことが多いというシルヴァーナおばあちゃん。このレシピでは、義理の息子が仕留めたイノシシ肉を使ってラグーを作ってくれました。ムジェッロ地域では、トルテッリにウサギやキノコのソースをあわせるのも定番です。

トルテッリはあまったら冷凍保存できます。ただし、ゆでる際には解凍せず、そのままゆでてください。

材料（6〜8人分／トルテッリ約90個分）

❧トルテッリ
00粉（または強力粉+中力粉）…400g
卵…4個
エキストラ・バージン・オリーブオイル…大さじ1
＊生地の状態によって粉の量を微調整すること。

❧トマトソース
パッサータ（トマトピュレ）…250g
にんにく（みじん切り）…2片分
イタリアンパセリ（粗みじん切り）…ひとつかみ分
エキストラ・バージン・オリーブオイル…大さじ3
水…大さじ1
塩、こしょう…各適量

❧フィリング
じゃがいも（男爵など粉っぽいタイプ／古くなったもの）
…1.5kg
パルミジャーノ・レッジャーノ（すりおろす）…大さじ3
ナツメグ（おろしたて）…適量

❧イノシシのラグーソース
イノシシ挽き肉（または牛挽き肉）…500g
パッサータ（トマトピュレ）…400g
赤玉ねぎ（みじん切り）…2個分
にんじん（みじん切り）…小1本分
セロリ（みじん切り）…20cm分
イタリアンパセリ（粗みじん切り）…大さじ1
エキストラ・バージン・オリーブオイル…大さじ3〜4
塩、こしょう…各適量

❧仕上げ
パルミジャーノ・レッジャーノ…適量

作り方

Step 1. トルテッリの生地を作る

1.パスタ生地を作り（P.18）、ビニール袋に入れて30分休ませる。

＊このレシピではオリーブオイルを加えます。最低30分休ませるのがポイントで、もっと長く休ませてもOK。

Step 2. トマトソースを作る

1.小鍋にオリーブオイルをひいて弱火で熱し、にんにく、イタリアンパセリ、塩（たっぷりひとつまみ）、こしょうを入れ、にんにくの香りがでるまで炒める。

2.パッサータと水を加え、どろっと濃厚になるまで15分ほど煮込む。味見をして、塩とこしょうで味をととのえる。

Step 3. フィリングを作る

1.じゃがいもは竹串がとおるまでゆで、温かいうちに皮をむき、マッシャーでつぶす。

2.パルミジャーノとStep 2のソースの半量を加え、よく混ぜる。味見をして、トマトの風味が弱ければさらにトマトソースを加え、ナツメグを混ぜる。

＊残ったトマトソースは、Step 4のイノシシのラグーソースに加えてもOKです。

Step 4. イノシシのラグーソースを作る

1.厚手の鍋にオリーブオイルをひいて弱火で熱し、玉ねぎ、にんじん、セロリ、イタリアンパセリを入れて25～30分じっくり炒める。

＊シルヴァーナおばあちゃんは、オリーブオイルなしで野菜を15分ほど炒め、野菜の水分がなくなってからオイルを加えてさらに15分炒めます。これは彼女が母親から教わった、秘伝のテクニックでもあり

ます。

2.イノシシ肉を加え、木べらで肉をほぐしながらしっかり焼き色がつくまで炒める。

3.パッサータを加えて、塩とこしょうで味をととのえ、水（500ml、分量外）を注ぎ、蓋をしてごく弱火で2時間ゆっくり煮込む。

Step 5. トルテッリを作る

1.Step 1の生地を2つに分け、厚さ1mmほどのシート状にのばし、12cm幅の帯状に切り分ける。

2.帯状の生地を横長に置き、Step 3のフィリングを直径3mmほどに丸め、生地の中央に横1列に5cm間隔でのせていく。

3.手前の生地をフィリングにかぶせ、フィリングのまわりを指先で押して空気を押しだし、生地とフィリングを密着させる。

4.フィリングとフィリングの間を等間隔にパイカッターで切り、1個ずつに切り離す。

5.それぞれの生地の周囲をパイカッターで整え、縁まわりをフォークの先端で押し、上下の生地を密着させる。残りの生地も同様に成形する。成形したトルテッリはバットか台の上に並べておく。

＊成形した後、2～3時間はそのままおいておけますが、フィリングの水分が染みでてくることもあるので、なるべく成形したらすぐにゆでましょう。

Step 6. 仕上げる

1.大鍋に湯を沸かして塩（分量外）を加え、トルテッリを入れ、静かに沸騰する火加減で4～5分ゆでる。

＊数回に分けてゆでます。

2.トルテッリの湯をきり、器に盛りつけ、Step 4のソースをかけ、パルミジャーノをふりかける。

DORIANA'S FARRO TAGLIOLINI WITH PANCETTA

ドリアーナおばあちゃんの
ファッロのタリオリーニ
パンチェッタのトマトソース

ドリアーナおばあちゃんは、ウンブリア州で農家民宿「イル・チェッレート」を営んでいます。飼育している黒豚から作るパンチェッタは、上質な脂がのり、風味の強さが印象的。ですからこのレシピには、最高品質のパンチェッタかベーコンを使いましょう。仕上がりの風味がまったく違います。

エンマー小麦として知られるファッロは古代小麦で、スペルト小麦とは品種が異なります。ファッロの特徴的なナッツを思わせる風味が生きたこのタリオリーニは、ドリアーナおばあちゃんのオリジナルです。パンチェッタのトマトソースをあわせていただきます。スペルト小麦で生地を作ると、ゆであがりはファッロより少しやわらかくなりますが、こちらで代用しても構いません。

材料（4～5人分）
❦タリオリーニ
ファッロ（エンマー小麦／またはスペルト小麦）…400g
00粉（または強力粉＋中力粉）…100g
卵…5個
＊生地の状態によって粉の量を微調整すること。

❦パンチェッタのトマトソース
パンチェッタ（生ベーコン／拍子木切り）…200g
カットトマト（缶詰／旬であれば生のトマトでも）…1缶（400g）
エキストラ・バージン・オリーブオイル…大さじ2
玉ねぎ（粗みじん切り）…1個分
赤唐辛子（生／好みで種を取り除く）…1本
白ワイン…125ml
塩…適量

❦仕上げ
ペコリーノ・ロマーノ（すりおろす）…適量

作り方
Step 1. タリオリーニの生地を作る
1.パスタ生地を作り（P.18）、よく絞った濡れ布きんをかぶせて30分休ませる。
2.生地を厚さ2mmのシート状にのばし、10分乾燥させる。

Step 2. パンチェッタのトマトソースを作る
1.フライパンにオリーブオイルをひいて中火で熱し、パンチェッタを入れ、脂がでて色づきはじめるまで炒める。パンチェッタをフライパンから取りだし、脂はフライパンに残したままにしておく。
2.同じフライパンに玉ねぎと赤唐辛子を入れ、玉ねぎがうっすら色づくまで炒める。
3.1のパンチェッタを戻してワインを注ぎ、アルコールの匂いがしなくなるまで炒める。
4.カットトマトを加えて全体をよく混ぜ、塩で味をととのえて、5分ほど中火でぐつぐつと煮る。

Step 3. タリオリーニを作る
1.Step 1の生地の表面に00粉（少量、分量外）をふる。
2.生地の両側からそれぞれ中心までたたむ：手前の生地を中心に達するまで数回たたみ、向こうからも中心までたたみ、両側に軸のある巻物を巻いたような形にする。
3.手前の生地を折り返して2つ折りにし、端からできるだけ細く切り分けていく。

Step 4. 仕上げる
1.大鍋に湯を沸かして塩（分量外）を加え、タリオリーニを入れて、静かに沸騰する火加減で30秒～2分ゆでる。
2.タリオリーニの湯をきり、Step 2のフライパンに入れ、ソースとからめる。
3.ペコリーノをふりかけて全体をあえる。
4.器に盛り、好みでペコリーノをさらにふりかける。

EMILIA'S 'GUITAR' SPAGHETTI WITH TINY MEATBALLS

エミリアおばあちゃんの
キタッラ
ミニミートボールのトマトソース

アブルッツォ州のワイン生産地をめぐっていた時、現地の旅行代理店のスタッフが、お姑さんを訪ねるようにと連絡をくれました。「とっておきのパスタを作ってくれるから」と。すてきなお誘いなので、さっそく訪ねることに。迎えてくれたのは、エミリアおばあちゃん。10歳の頃、家族のためにパスタ作りをはじめたといいます。パスタに豆の煮込みをあわせた料理が得意で、家族からも好評だったとか。そんなおばあちゃんが教えてくれたパスタは「スパゲッティ・アッラ・キタッラ・コン・パッロッティーネ」と呼ばれ、切り口が正方形のロングパスタ「キタッラ」に、ビー玉サイズのミートボール入りトマトソースをあわせた、アブルッツォを代表する郷土料理。今も昔も、ハレの日や祭日のごちそうです。エミリアおばあちゃんは長年、家族や知人のためにこのパスタを作ってきました。

このパスタは、「キタッラ（イタリア語でギターの意）」という道具で作ります。四角い箱に弦が張ってあり、生地を押し切るようにして切り分けます。手持ちのパスタマシンにスパゲッティカッターがついているなら、それを使ってください。あるいは、溝つきのめん棒「トゥロッコラトゥーロ」でカットしてもよいでしょう。手間はかかりますが、もちろん包丁かパイカッターで切り分けても構いません。

おばあちゃんはこのパスタに、グレード1の軟質小麦を使います。この粉はたんぱく質の含有量が約9.5%で、製粉は粗め。手に入らない場合、00粉に石挽き全粒粉を10%混ぜて使うのがおすすめです。

材料（4〜6人分）

❀キタッラ
軟質小麦（グレード1）…400g
卵…4個
エキストラ・バージン・オリーブオイル…大さじ1
塩…小さじ½
＊軟質小麦（グレード1）は、00粉（360g）＋石挽き全粒粉（40g）で代用しても。生地の状態によって粉の量を微調整すること。

❀トマトソース
トマト（またはパッサータ／皮をむく／乱切り）…1.5kg
牛スネ肉（または仔牛スネ肉／ひと口大）…100g
豚の骨つきバラ肉（スペアリブ）…3本
セロリ（半分に切る）…20cm分
にんじん（半分に切る）…2本分
にんにく（皮をむいて丸ごと）…3片

白ワイン…½カップ
エキストラ・バージン・オリーブオイル…大さじ4
塩…小さじ1

❀ミートボール
a ┃ 牛挽き肉…500g
　┃ 卵（溶きほぐす）…1個分
　┃ 塩…小さじ½
　┃ エキストラ・バージン・オリーブオイル…大さじ1
　┃ 黒こしょう（挽きたて）…ひとつまみ
　┃ ペコリーノ・ロマーノ（すりおろし）…大さじ1
　┃ ナツメグ（おろした）…適量
エキストラ・バージン・オリーブオイル…適量

❀仕上げ
ペコリーノ・ロマーノ（すりおろす）…適宜

作り方

Step 1. トマトソースを作る

1. 厚手の鍋（または厚底の鍋）にオリーブオイルをひいて中火で熱し、セロリ、にんじん、にんにくをしんなりするまで炒める。
2. 牛肉と豚肉を加えてこんがり焼き色がつくまで焼き、ワインを注ぐ。木べらで鍋底をこそげてかき混ぜながら、アルコールの匂いがしなくなるまで煮詰め、にんにくを取りだす。
3. 塩とトマトを加え、蓋をしてどろっとしたソースになるまで弱火で3時間ほど煮込む。

＊時々全体をかき混ぜ、途中で水分が足りなくなったら様子を見て水（分量外）を加えます。

4. ソースが煮えたら豚肉から骨をはずし、肉を細かく切って鍋に戻し、にんじんとセロリは取りだして捨てる。

Step 2. ミートボールを作る

1. ボウルにaを入れてよく練り混ぜ、タネを作る。手を水で濡らし、タネをひよこ豆くらいの大きさに丸める。
2. フライパンにオリーブオイルを入れて中温（170℃前後）に熱し、1のタネを入れ、オイルの中で泳がせながら中まで火がとおり、全面がきつね色になるまで揚げる。揚がったらキッチンペーパーに取り、油をきっておく。

＊ミートボールは一度に入れすぎると温度がさがり、蒸されて揚げ色がつかないので、数回に分けて揚げます。

3. ミートボールをStep 1の鍋に入れ、ソースとからめながら数分さっと煮る。

＊揚げたミートボールは冷蔵庫で2〜3日保存可能。

Step 3. キタッラを作る

1. こね台に粉を盛ってくぼみを作り、くぼみに卵、オリーブオイル、塩を入れてフォークで少しずつ混ぜる。
2. 全体に水分が行き渡ったら、生地がなめらかに均一になるまで10分ほどこねる。
3. 生地によく絞った濡れ布きんをかぶせ、最低30分休ませる。

＊エミリアおばあちゃんを訪れたのは、夏の暑い日。この時期は生地が乾燥しがちなので、卵を余分に1個加えると、しなやかでやわらかい生地になります。

4. 生地を厚さ3mmのシート状にのばし、キタッラの幅にあわせて幅広に切り分ける。
5. 生地をキタッラの弦の上にのせ、めん棒を前後に動かしながら生地を弦に押しつけて生地を切る（P. 182）。弦をはじいて切れた生地を下に落とす。

＊キタッラで生地を切る際には、生地にしっかり粉（分量外）をふっておくこと。

Step 4. 仕上げる

1. 大鍋に湯を沸かして塩（分量外）を加え、キタッラを入れ、静かに沸騰する火加減で5分ほどゆでる。
2. キタッラの湯をきり、器に盛りつける。
3. Step 1のミートボール入りトマトソースをかけ、好みでペコリーノをふりかける。

**ヴィオレッタおばあちゃんの
マッケローニ・ア・カンニチェッラ
仔ヤギ肉のラグーソース**

イタリアをブーツに例えるなら、バジリカータ州は「土踏まず」にあたります。イタリア料理では珍しいヤギ肉を使ったパスタ料理を求め、中世の村、サンタルカンジェロを訪ねました。村の小道はロバの荷車がとおれるくらいの幅。ロバの荷車はもうありませんが、古い習慣が今なお残り、伝統的な方法でパスタを成形します。
このレシピを教えてくれたヴィオレッタおばあちゃんも昔ながらのやり方で、エニシダの小枝に生地を巻きつけて、「マッケローニ・ア・カンニチェッラ」を作ります。カニチェッラとは、エニシダの小枝のこと。まっすぐで、表面がでこぼこしているので、パスタ生地がくっつきにくいのです。仔ヤギ肉を取りだしてメインディッシュにし、残りのトマトソースをマッケローニにかけていただいてもよいでしょう。

材料（4人分）

❖マッケローニ
セモリナ粉（細挽き）…400g
塩…小さじ1/2
ぬるま湯（人肌程度）…180〜200ml
*湯量は生地の状態によって微調整すること。

❖仔ヤギ肉のラグーソース
仔ヤギ肉（または仔羊肉／モモ肉または肩肉／ひと口大）…600g
完熟トマト（皮をむき、乱切り）…大4個分
パッサータ（トマトピュレ）…400g
イタリアンパセリ（粗みじん切り）…小1束分
にんにく（粗みじん切り）…1片分
エキストラ・バージン・オリーブオイル…大さじ4
塩…適量

❖仕上げ
ペコリーノ・ロマーノ（すりおろす）…適量

作り方

Step 1. マッケローニの生地を作る
1.パスタ生地を作り（P.20）、よく絞った濡れ布きんをかぶせて30分休ませる。

Step 2. 仔ヤギ肉のラグーソースを作る
1.フライパンにオリーブオイルとにんにく、イタリアンパセリを入れて中火にかけ、にんにくの香りがでたら、仔ヤギ肉を加えて軽く焼き色をつける。
2.トマトを加えてつぶしながら炒め、パッサータを加え、塩で味をととのえ、蓋をして30〜40分弱火で煮込む。
*仔ヤギ肉はやわらかいので煮込み時間は短めです。途中で、水分が足りなくなったら、様子を見ながら水（分量外）加えます。トマトとパッサータの両方を使い、トマトの風味を高めるのがおばあちゃん流！

Step 3. マッケローニを作る
1.Step 1の生地を少量取り、転がして直径8mmの棒状にのばし、端から長さ10cmにちぎって分ける。
2.生地を横長に置き、左端の角に編み棒（または菜箸）をやや斜めに押しあてる。そのまま前方に転がして生地を棒に巻きつけて筒形にし、手のひらで前後にやさしく転がして生地をならす。生地を棒からはずし、重ならないように広げる。残りの生地も同様に成形する。

Step 4. 仕上げ
1.大鍋に湯を沸かして塩（分量外）を加え、マッケローニを入れて、静かに沸騰する火加減で2〜4分ゆでる。
*1本食べてゆで加減を確認すること。
2.マッケローニの湯をきり、器に盛りつけ、Step 2のソースをかける。ペコリーノをふりかける。

LUCIA'S RASCHIATELLI WITH SALAMI AND HORSERADISH

—

**ルチアおばあちゃんの
ラスキアテツリ
サラミのトマトソース
ホースラディッシュ風味**

バジリカータ州に暮らすルチアおばあちゃんは、元気でパワフルな89歳。今も家族が経営するパン店で働いています。「少し休んだら？」というまわりの声もなんのその、「これが私の人生なの」と潔いお答え。「家で何をしていろというの？　この店で60年以上働いてきたのよ」と続けます。今は息子と孫が店を継いでいますが、彼女と旦那様の時代と変わらず、マテーラの小さな製粉所からデュラム小麦粉を仕入れています。

大きな身振りを交えてお客に話しかけるルチアおばあちゃんは、この店のいわば看板娘です。存在感のある大きなパンを1週間分まとめ買いするお客さんも。「村は変わってしまったわ。若い人たちは、仕事を求めて出て行ってしまったの」と、寂しそうな表情を一瞬見せたルチアおばあちゃん。「だから、みんなが戻ってくる夏が私は一番好き」と、パッと笑顔が戻りました。

このあたりでは、カヴァテツリ（P.92）が名前を変え、「ラスキアテツリ」と呼ばれています。このレシピは、一般的に冬に食べられる料理で、ルチアおばあちゃんはバジリカータ州のサラミ、「ルカニカ」を使います。ルカニカというのは、バジリカータの古い呼び名のこと。肉はミンチ状ではなくぶつ切り状で、粗く砕いた粒こしょうと、脂がほどよくサシのように入っています。代用するならカポコッロ（コッパ／首の後部肉の生ハム）がおすすめです。いずれにしても、この料理のソースには、薄いスライスではなく角切りにして使うので、ブロックで買い求めてください。

この料理のもうひとつの珍しい食材は、ホースラディッシュ。ドイツとオーストリアの食文化の影響が見られる最北エリアを除き、他の地域ではお目にかからない食材です。歴史的にアルバニアとのつながりが多いバジリカータ州であるだけに、数世紀前にアルバニアの移民がもたらしたのかもしれません。

材料（4人分）

♣ラスキアテッリ
セモリナ粉（細挽き）…400g
ぬるま湯（人肌程度）…1カップ
塩…小さじ1/2
＊湯量は生地の状態によって微調整すること。

♣サラミのトマトソース
サラミソーセージ（ルカニカやカポコッロ［コッパ］など
／角切り）…350g
カットトマト（缶詰）…1缶（400g）
エキストラ・バージン・オリーブオイル…大さじ2
にんにく（皮をむいて丸ごと）…1片
塩…適量

♣仕上げ
ホースラディッシュ（すりおろす）…大さじ2
ペコリーノ・ロマーノ（すりおろす）…適量

作り方

Step 1. ラスキアテッリを作る
1.パスタ生地を作り（P.20）、よく絞った濡れ布きん
をかぶせて30分休ませる。
2.生地を少量取り、転がして人差し指の太さくらい
の棒状にのばす。
3.端から4〜5cm幅に切り分ける。
4.生地を横長に置き、指3本をそろえて押しあて、そ
のまま手前に引いて巻きこむ（P.189）。残りの生地も
同様に成形する。
＊3つのくぼみのついた、豆を取りだしたさやのよう
な形になります。

Step 2. サラミのトマトソースを作る
1.鍋にオリーブオイルをひいて弱火で熱し、にんに
くを入れて香りがでるまで炒める。
2.カットトマトを加えて塩をし、どろっと濃厚になるま
で弱火で15〜20分煮込む。
3.サラミを加え、サラミに火がとおるまでさっと煮る。

Step 3. 仕上げる
1.大鍋に湯を沸かして塩（分量外）を加え、ラスキア
テッリを入れて、浮かびあがってくるまで静かに沸騰
する火加減でゆでる。
＊ひとつ食べてゆで加減を確認すること。
2.ラスキアテッリの湯をきり、Step 2の鍋に入れてソ
ースとあえる。
3.器に盛りつけ、ホースラディッシュとペコリーノを
ふりかける。

CESARIA'S LORIGHITTAS WITH CHICKEN

チェザーリアおばあちゃんの
ロリギッタス
鶏肉のラグーソース

サルデーニャ島中西部の村、モルゴンジョーリ。ここで唯一、「ロリギッタス」が作られています。ロリギッタスとは現地の言葉で「指輪」や「輪っか」の意味。その名のとおり、細いスパゲッティを二重輪にしてねじったようなこのパスタは、11月1日の諸聖人の日のごちそうとして食べるのが風習です。村の女性たちは、10月中旬の聖ソフィアの宴のあとにロリギッタスを作りはじめます。今でも機械を使わず完全に手作り。95歳のチェザーリアおばあちゃんが、細いひも状の生地を見事に巻いていく様子は、まさに職人技！ このパスタにあわせるラグーソースには、伝統的に若い雄鶏を使います。鶏肉はあらかじめ焼き色をつけず、他の材料と一緒に生の状態から煮込んでいきます。鶏肉はラグーソースとパスタにあわせても。

材料（4人分）

❖ロリギッタス
セモリナ粉（細挽き）…400g
ぬるま湯（人肌程度）…1カップ
塩…小さじ½
＊湯量は生地の状態によって微調整すること。

❖鶏肉のラグーソース
鶏肉（平飼いのオーガニックのもの／8つにぶつ切り）…1.8kg
パッサータ（トマトピュレ）…750g
エキストラ・バージン・オリーブオイル…大さじ3
玉ねぎ（粗みじん切り）…1個分
にんにく（粗みじん切り）…2片分
白ワイン…¼カップ
イタリアンパセリ（粗みじん切り）…20g
塩…ひとつまみ

❖仕上げ
ペコリーノ・サルド（すりおろす）…適量

作り方
Step 1. ロリギッタスを作る
1.パスタ生地を作り（P.20）、よく絞った濡れ布きんをかぶせて30分休ませる。
＊塩をぬるま湯に事前に溶かして塩湯にし、粉に加えます。これがチェザーリアおばあちゃん流。まずは塩湯の大部分を粉と混ぜてこね、乾燥してきたら残りの塩湯を加え、生地にたたき込みます。それでも

乾燥する場合、新たに塩湯（分量外）を作り、生地の状態を見ながら加えます。このパスタは秋に作るのが伝統なので、暑く乾燥した時期には向きません。
2.生地を少量取り、前後に転がして直径2.5mmの細いロープ状にのばす。
3.ロープ状の生地を指3本に2重に巻きつけて輪を作り、輪からのびる生地を切って、端どうしをつまんでくっつける。
4.輪のつなぎ目部分を左手（右手がきき手の場合）で持ち、右手の親指と人差し指で輪の反対側を持つ。右手の親指と人差し指をすりあわせるようにして同方向に数回ねじる。残りの生地も同様に成形する。生地は布きんの上に並べて乾かしておく。

Step 2. 鶏肉のラグーソースを作る
1.厚手の鍋にオリーブオイルをひいて中火で熱し、玉ねぎを入れてうっすら色づくまで炒める。
2.にんにくを加えて香りがでるまで炒め、鶏肉、ワイン、パッサータを加えてひと混ぜする。塩を加え、蓋をして45分ほど弱火で煮込み、イタリアンパセリを加える。
3.鶏肉を取りだし、メインディッシュとして器に盛る。

Step 3. 仕上げる
1.大鍋に湯を沸かして塩（分量外）を加え、ロリギッタスを入れて、静かに沸騰する火加減で8〜10分ゆでる。
2.ロリギッタスの湯をきり、サラダボウルに入れてペコリーノをふりかけ、Step 2のソースをかけてあえる。

VANNA'S CICCIONEDDUS WITH LAMB RAGÚ

—

ヴァンナおばあちゃんの チッチョネッドゥス 仔羊肉のラグーソース

サルデーニャ島には、ニョッキ形のショートパスタが数種あり、「ニョケッティ・サルディ」と総称されています。地方によって大きさや呼び名はそれぞれですが、共通しているのは、生地を溝や凹凸のあるものの上で転がして丸みをつけること。たいていは、サルデーニャ特産の葦の平カゴにのせて成形していきます。そうすると生地の表面に筋模様が入り、ソースがからみやすくなるのです。葦のカゴは、ニョッキボードで代用できます。

「チッチョネッドゥス」は、北西部のサッサリ県で作られるニョケッティ・サルディ。ヴァンナおばあちゃんが教えてくれたこのレシピは、伝統的に、結婚式の披露宴で振る舞われる料理です。だから彼女は、民族衣装でもてなしてくれました。男性は白いプリーツのシャツに黒い帽子、女性はコルセットつきブラウスにロングスカートとエプロンが伝統です。

材料（4人分）

♧チッチョネッドゥス
セモリナ粉（細挽き）…400g
ぬるま湯（人肌程度）…1カップ
塩…ひとつまみ
＊湯量は生地の状態によって微調整すること。

♧仔羊肉のラグーソース
仔羊肉（モモ、ヒレなど／小さな角切り）…500g
パッサータ（トマトピュレ）…680g
玉ねぎ（粗みじん切り）…1個分
ローリエ…2枚
ローズマリー…小枝1本
タイム…小枝4本
セージの葉…4枚
バジルの葉…8枚
水…½カップ
エキストラ・バージン・オリーブオイル…大さじ4
オールスパイス（砕く）…小さじ1
塩…適量

♧仕上げ
ペコリーノ・サルド（すりおろす）…適量

作り方
Step 1. チッチョネッドゥスを作る
1.パスタ生地を作り（P.20）、よく絞った濡れ布きん

をかぶせて30分休ませる。
＊このレシピでは、塩をぬるま湯に事前に溶かして塩湯にし、粉に加えて作ります（P.191 Step 1-1）。
2.生地をひとつかみ取り、前後に転がして直径1cmの棒状にのばし、長さ1cmに切り分ける。
3.ニョッキボードをこね台に対してやや斜めになるように持ち、生地をのせる。生地に親指を軽く押しあて、そのまま下に向かってくるっと転がして丸める。残りの生地も同様に成形する。
＊乾燥させてもOK。乾燥させてゆでると、筋模様がきれいに残り、ソースがからみやすくもなります。

Step 2. 仔羊肉のラグーソースを作る
1.鍋にオリーブオイル、ハーブ類、玉ねぎ、仔羊肉を入れて中火にかけ、パッサータ、水、オールスパイス、塩（ひとつまみ）を加えてひと混ぜする。
2.蓋をして弱火で30分煮込み、蓋を取ってさらに10分煮る。味見をして、塩気が足りないようであれば塩で味をととのえ、ハーブ類は取りだす。

Step 3. 仕上げる
1.大鍋に湯を沸かして塩（分量外）を加え、チッチョネッドゥスを入れて、静かに沸騰する火加減で5〜6分ゆでる。
2.チッチョネッドゥスの湯をきって器に盛り、Step 2のソースをかけ、ペコリーノをたっぷりふりかける。

LUCIA AND CATERINA'S PASTA WITH MEATBALLS

ルチア&カテリーナ
おばあちゃんの
サーニェ・トルテ
ミートボールのトマトソース

ルチアおばあちゃんとカテリーナおばあちゃんは、プーリア州のサレント地方、デプレッサ村に暮らしています。ふたりは小さな頃からの大親友。75年以上も毎日会っているのだとか。はじめての出会いは教会の祈りの会。今も敬虔な信者として信仰を深めています。相手のどんなところが好きかと尋ねると、彼女たちは顔を見あわせ笑いました。「会うたびに笑顔にさせてくれるの」とカテリーナおばあちゃんがいえば、「彼女は、私のウェディングドレスを作ってくれたのよ」とルチアおばあちゃん。互いにかけがえのない存在なのです。

ルチアおばあちゃんは12人、カテリーナおばあちゃんは4人の孫がいます。ここで紹介する料理は「サーニェ・トルテ・コン・スーゴ・ディ・ポモドーロ・エ・ポルペッティーニ」といい、ふたりが家族のために作るレシピ。「ここでは、日曜日にこの料理を作るのよ。ミートボールは面倒だからラグーソースにする人もいるけれど、子どもたちはミートボールが大好きだからね」と、カテリーナおばあちゃん。

「サーニェ・トルテ」は、らせん状にカールしたロングパスタ。地元では「サーニェ・ンカンニュラーテ」とも呼ばれます。「ポルペッティーネ」は小さなミートボール。ちなみに、「ポルペッテ」は通常サイズのミートボール、「ポルペットーネ」はミートローフを意味します。

材料（4人分）

♣ サーニェ・トルテ

セモリナ粉（細挽き）…400g

ぬるま湯（人肌程度）…1カップ

塩…ひとつまみ

＊湯量は生地の状態によって微調整すること。

♣ トマトソース

パッサータ（トマトピュレ）…750g

玉ねぎ（粗みじん切り）…1個分

にんにく（少量の塩をふってつぶす）…1片分

バジル…3～4茎

赤唐辛子（クラッシュ）…小さじ1/2

エキストラ・バージン・オリーブオイル…大さじ3

塩、黒こしょう…各適量

♣ ミートボール

a 豚挽き肉…300g

　牛挽き肉…300g

　パン粉（細目）…40g

　ペコリーノ・ロマーノ（ハードタイプ／またはパルミジャーノ・レッジャーノ／すりおろす）…50g

　イタリアンパセリ（粗みじん切り）…大さじ2

　ロゼワイン…大さじ2

　卵（溶きほぐす）…1個分

ナツメグ（おろしたて）、塩、こしょう、植物油…各適量

♣ 仕上げ

ペコリーノ・ロマーノ（またはリコッタ・サラータ／すりおろす）…適量

作り方

Step 1. サーニェ・トルテを作る

1.パスタ生地を作り（P.20）、よく絞った濡れ布きんをかぶせて10分休ませる。

2.生地を厚さ2mmの円形にのばし、半分にたたみ、端から2cm幅の帯状に切り分ける。

3.生地を横長に置き、片端を手でつかみ、もう片方の手のひらで反対側の端を手前に数回転がし、らせん状にねじっていく（P.198）。残りの生地も同様に成形する。

＊生地が長くて全体がらせん状にならない場合は、片側をねじってから生地を回転させ、反対側も同様にねじります。

4.成形した生地を半分に折り（P.126）、2～3時間おいて乾燥させる。

＊湿度が低く風があれば、生地は布きんの上に並べ、逆に湿度が高くて風がない場合は、布きんをかぶせて水分を取ります。

Step 2. トマトソースを作る

1.鍋にオリーブオイルをひいて中火で熱し、玉ねぎを入れて半透明になるまで炒める。

2.にんにくを加えて香りがでるまでさらに炒める。

3.パッサータとバジルを加え、塩と黒こしょう、赤唐辛子で味をととのえ、とろ火で30分ほど煮込む。

Step 3. ミートボールを作る

1.ボウルにaを入れて混ぜ、塩、こしょう、ナツメグで味をつけ、手で混ぜてタネを作る。

＊この段階で、試しに小さじ1杯程度揚げてみて、味見をすると安心です。

2.手を水で濡らし、タネを直径3～4cmに丸める。

3.小さなフライパンに底が隠れるくらい植物油を入れ、中温（170℃前後）に熱し、2のタネを入れ、全面がきつね色になるまで揚げる。揚がったらキッチンペーパーに取り、油をきっておく。

＊ミートボールは、このあとトマトソースで煮るので、中まで完全に火がとおっていない状態でOK。

4.ミートボールをStep 2のトマトソースに加え、さらに15分ほど煮込む。

＊ミートボールに火がとおり、中から肉汁があふれる状態を目安にします。

Step 4. 仕上げる

1.大鍋に湯を沸かして塩（分量外）を加え、サーニェ・トルテ入れて、静かに沸騰する火加減で4分ほどゆでる。

2.サーニェ・トルテの湯をきり、Step 2のソースとからめる。

3.器に盛りつけ、ペコリーノをふりかける。

Recipe 7

Pasta
in brodo

スープ仕立てのパスタ

イタリア語で「パスタシウッタ」とは、パスタのゆで汁をきり、ソースにからめたパスタ料理全般を指します。一方で、この章で紹介するのは「パスタ・イン・ブロード」、つまりスープ仕立てのパスタ。これらは伝統的に北イタリアの祝いの料理で、手間がかかるものです。まず肉でブイヨンを取り、そのブイヨンの中でパスタをゆでます。そして、ブイヨンを取るのに使った肉はメインディッシュにします。「豆のパスタ」の章では、パスタを豆のスープで煮込むレシピをいくつか取りあげましたが、そちらはパスタを豆のゆで汁で煮るという、まったく別の調理法です。

MEAT STOCK
肉のブイヨン

この章のレシピはすべて、肉のブイヨンを取ることからはじまります。おばあちゃんたちのレシピは、それぞれわずかに異なるものの、たいてい数種の肉をあわせて使います。牛や鶏（雄鶏のことも）、時には豚肉が入る場合も。サルデーニャとアブルッツォ州では、仔羊や羊を使うこともあります。肉に焼き色をつけてからブイヨンを取るのではなく、イタリアでは生肉から煮込んでブイヨンを取り、肉はメインディッシュとして食べるのが一般的。そしてブイヨンは、トルテリーニやカッペレッティなど、特別な日のパスタにあわせるのが定番です。ブイヨンは冷凍で3か月保存できるので、多めに作ってストックしておきましょう。

材料（4ℓ分／たっぷり8人分）
肉…1.5kg
玉ねぎ（4つ切り）…1個分
セロリ…20cm2本
にんじん…1本
ローリエ…1枚
こしょう（ホール）…6粒
トマト（旬の時期のみ）…数個
塩…小さじ山盛り1杯
水…適量
*肉は、鶏の骨つきもも肉と手羽先、牛ばら肉（骨つきまたは骨なし）、牛ネック肉（首筋肉）、牛ステーキ用肉（肩ロース肉など）、豚肩肉から好みで数種選んで。トマトが入るときれいな色のブイヨンになります。

作り方
1.鍋（水が4ℓ入る鍋）を用意し、すべての材料を入れ、たっぷりかぶるくらいの水を注ぎ、蓋をして弱火にかける。
2.沸騰しはじめたらアクを取り、水面がゆらめく程度の弱火で90分ほど煮込む。
*途中、こまめにアクをすくい取ります。
3.鍋を火からおろし、肉を入れたまま冷ます。
4.ブイヨンを漉し、冷蔵庫でひと晩冷やす。
*肉はラヴィオリのフィリングとして使ったり、サルサ・ヴェルデをかけて食べるのも、イタリアで好まれるスタイルです。
5.表面に固まった脂を取り除く。
*これでブイヨンは完成。すぐに料理に使うか、冷凍保存します。

スープ仕立てにする際のブイヨン1人分の目安は1カップ。パスタをブイヨンでゆでる際には、もっと多くの量が必要です。

MARIA'S CAPPELLETTI IN MEAT STOCK
___

マリアおばあちゃんの
カッペレッティ
肉のスープ仕立て

エミリア＝ロマーニャ州が発祥の「カッペレッティ」は、「小さな帽子」を意味し、その名のとおり帽子のようなフォルムの詰めものパスタです。中世の時代から作られており、かつてはクリスマスのごちそう料理でしたが、今は1年をとおして食卓にのぼります。
フィリングは地域によって異なり、マリアおばあちゃんの暮らすファエンツァでは、チーズのミックス。彼女は地元産のチーズ「ブッチアテッロ」と、パルミジャーノ・レッジャーノ、牛乳のリコッタチーズをそれぞれ同量ずつ使います。ブッチアテッロの代わりには、ロビオラなど、フォークでつぶせるソフトかセミソフトタイプのチーズを使ってください。

材料（6人分／カッペレッティ約70個分）
肉のブイヨン（P.203）…4ℓ

♣**カッペレッティ**
00粉（または強力粉＋中力粉）…200g
セモリナ粉（細挽き）…100g
卵…3個
*生地の状態によって粉の量を微調整すること。

♣**フィリング**
パルミジャーノ・レッジャーノ（できれば36カ月熟成のもの／すりおろす）…200g
リコッタチーズ（水気をきる）…200g
ソフトタイプのチーズ（ブッチアテッロ、ロビオラなど）…200g
卵黄…1個分
ナツメグ（おろしたて）…小さじ¼

♣**仕上げ**
パルミジャーノ・レッジャーノ（すりおろす）…適量

作り方

Step 1. カッペレッティの生地を作る
1.パスタ生地を作り（P.18）、ビニール袋に入れて3時間以上（できればひと晩）休ませる。
2.生地を厚さ1mmにのばし、定規をあてて5cm角の正方形に切り分ける。よく絞った濡れ布きんをかぶせ、乾燥しないようにしておく。

*マリアおばあちゃんは、生地の上を転がすと正方形にカットできる、2枚刃のラヴィオリカッターを使っています。

Step 2. フィリングを作る
1.ボウルにすべての材料を入れ、フォークでチーズをつぶしながらよく混ぜる。

Step 3. カッペレッティを作る
1.Step 1の各生地の中央にフィリングを小さじ½ずつのせ（P.205左下）、生地を対角線に折って三角形にし、縁まわりをしっかり押さえてくっつける。
2.フィリングのふくらみの底を人差し指にのせ、生地の両端を指に巻きつけるように下で重ね、指でつまんでしっかりくっつける。残りの生地も同様に成形する。
*帽子のような形になります（P.205右上）。

Step 4. 仕上げる
1.大鍋にブイヨンを入れてふつふつと沸いてきたら、カッペレッティをそっと入れて、静かに沸騰する火加減で4〜5分ゆでる。
*ひとつ食べてゆで加減を確認すること。数回に分けてゆでます。
2.器にブイヨンごと盛りつけ、パルミジャーノをふりかける。
*器は人肌ぐらいに温めておくとよいでしょう。

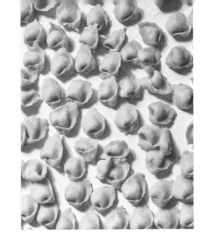

GISELLA'S 'SFOGLIA LORDA'

ジゼッラおばあちゃんの スフォリア・ロルダ

ジゼッラおばあちゃんは、ファエンツァ在住。生地にフィリングを広げて切るだけというこのお手軽パスタは、ファエンツァ近郊の美しい村、ブリジゲッラが発祥です。「スフォリア・ロルダ」とは、イタリア語で「反則パスタ」という意味。フィリングの量がごくわずかだからです。これはもともと、カッペレッティ用のフィリングがあまった時に、使いきるための料理でした。

ジゼッラおばあちゃんは、カンパニョーロというチーズを使いますが、このチーズはファエンツァ周辺以外では入手できないので、ロビオラなど、フォークでつぶせるくらいの硬さの、風味の強いチーズで代用してください。

材料（4〜6人分）
肉のブイヨン（P.203）…4ℓ

♣スフォリア・ロルダ
00粉（強力粉＋中力粉）…300g
セモリナ粉（細挽き）…50g
全粒粉…50g
卵…4個
＊生地の状態によって粉の量を微調整すること。

♣フィリング
パルミジャーノ・レッジャーノ（できれば24カ月熟成のもの／すりおろす）…100g
ソフトタイプのチーズ（ロビオラやフレッシュタイプのヤギのチーズなど風味の強いもの）…150g
リコッタチーズ（水気をきる）…100g
卵…1個
ナツメグ（おろしたて）…小さじ¼
塩…ひとつまみ

♣仕上げ
パルミジャーノ・レッジャーノ（すりおろす）…適量

作り方
Step 1. スフォリア・ロルダの生地を作る
1.パスタ生地を作り（P.18）、よく絞った濡れ布きんをかぶせて30分休ませる。
2.生地を厚さ2mmほど、手が透けて見えるくらい薄いシート状にのばす。

Step 2. フィリングを作る
1.ボウルにすべての材料を入れ、フォークでチーズをつぶしながらよく混ぜてペースト状にする。

Step 3. スフォリア・ロルダを作る
1.Step 1の生地の縁まわりに余白を1cm残し、手前半分にフィリングを薄く均等に塗り広げる。
2.残り半分の生地をフィリングの上にかぶせ、手のひらで表面を軽くたたいてならし、フィリングと生地を密着させる。
3.ゆでた時に気泡ができないよう、フォークで生地全体をざっと刺して穴をあける。
4.パイカッターで、生地を切手サイズの長方形に切り分ける。
＊ここでは、1つずつ切り離す必要はありません。

Step 4. 仕上げる
1.大鍋にブイヨンを入れてふつふつと沸いてきたら、フライ返しなどを使ってスフォリア・ロルダをある程度まとめてシート状のまま入れ、軽くかき混ぜて1つずつばらけさせ、浮きあがってくるまで静かに沸騰する火加減でゆでる。
＊ひとつ食べてゆで加減を確認すること。数回に分けてゆでます。
2.器にブイヨンごと盛りつけ、パルミジャーノをふりかける。

CRISTINA'S TORTELLINI IN BROTH

クリスティーナおばあちゃんの
トルテッリーニ・イン・ブロード

クリスティーナおばあちゃんは、いつパスタを作りはじめたか覚えていません。それはおそらく5歳ぐらいの時だとか。でも、パスタ愛に本当に目覚めたのは、たばこ工場での仕事を辞めてから。今では家族や友人のために、祖母直伝の「トルテッリーニ」を作っています。イタリア国鉄の整備士だった旦那様、ジャンニおじいちゃんは、よきパートナーにして料理作りのアシスタントです。

トルテッリーニはボローニャ生まれの詰めものパスタで、ボローニャ商工会議所に公式レシピが登録されています。それによるとフィリングは、豚ロース肉、プロシュット（生ハム）、モルタデッラ（ボローニャソーセージ）、パルミジャーノ・レッジャーノを同量ずつ。家庭によってレシピは若干違いますが、トルテッリーニはかつてボローニャの伝統的なごちそうメニューで、クリスマスとイースターには欠かせませんでした。今では1年中食べられており、クリスティーナおばあちゃんも週に1度、日曜にはこのパスタを作ります。

トルテッリーニは難易度の高いパスタでもあります。生地はやわらかく、しなやかでなくてはいけないし、サイズが小さいので器用さと根気が必要です。基本的にはトルテッリーニ1個の重さは2g。1kgのフィリングで2kgのトルテッリーニができ、1人分の目安は40〜50個。もちろんクリスティーナおばあちゃんは、すべて目分量で作ります。そんな彼女からのアドバイスは、「パスタ作り初心者は生地を1度にのばさず、3つに分けてそれぞれのばすこと」。正方形に切り分けた生地が乾燥しがちなら、生地を積み重ねておくと乾燥しにくくなります。また、生地を成形する際は、「残りの生地にはビニールシートをかぶせておくこと」。彼女の母親はよく絞った濡れ布きんをかぶせるか、湿ったテーブルクロスの上で作業していたのだとか。

フィリングは前日に仕込むのがベターです。素材どうしの風味がしっかりなじみます。冷蔵庫でひと晩寝かせた場合は、室温に戻してから包みましょう。パスタ生地も冷蔵庫でひと晩保存できますが、使用する3時間前には取りだして、室温に戻してから使ってください。

材料（たっぷり**12人分**／トルテッリーニ約**500個分**）
肉のブイヨン（P.203）…4ℓ
＊クリスティーナおばあちゃんは、玉ねぎの皮はむかず、クローブ2個を刺して丸ごと加えます。玉ねぎの皮のおかげで、ブイヨンがきれいな黄褐色になるのがお気に入りだそうです。

✤トルテッリーニ
00粉（または強力粉＋中力粉）…500g
卵…5個
＊生地の状態によって粉の量を微調整すること。

✤フィリング
豚肉（ロース肉または豚肩肉）…230g
プロシュット（生ハム）…100g
モルタデッラ（ボローニャソーセージ）…230g
パルミジャーノ・レッジャーノ（できれば30カ月熟成のもの／すりおろす）…100g
卵…1個
ナツメグ（おろしたて）、塩、黒こしょう…各適量

作り方

Step 1. フィリングを作る

1.豚肉、プロシュット、モルタデッラはそれぞれ別々に肉挽き器で挽く。
＊肉挽き器がない場合、フードプロセッサーの低速にかけても。ただし、肉がペースト状にならないよう注意します。
2.ボウルに1の肉、パルミジャーノ、卵を入れ、ナツメグ、塩（10g）、こしょうを加え、手でよく練り混ぜる。
＊少量をゆでるかレンジにかけて味見し、塩気が足りなければ塩で味をととのえます。クリスティーナおばあちゃんは大胆にも、生の状態で味見をします（まねはしないように）！

Step 2. トルテッリーニを作る

1.パスタ生地を作り（P.18）、ビニール袋に入れて30分休ませる。
2.生地を厚さ1mmにのばし、定規をあててパイカッターで3cm角の正方形に切り分ける。
＊クリスティーナおばあちゃんは3cm幅で切れる、4枚刃のローラーカッターを使用しています。
3.それぞれの生地の中央にフィリングをグリーンピース大にのせ（P.210）、対角線で折って三角形にし、縁まわりをしっかり押してくっつける。
4.フィリングのふくらみの底を人差し指にのせ、生地の両端を指に巻きつけるように下で重ね、指でつまんでしっかりくっつける（P.210）。残りの生地も同様に成形する。バットに並べ、よく絞った濡れ布きんをかぶせておく。
＊成形する前の生地にはビニールシートをかぶせておくこと。すぐにゆでない場合、よく絞った濡れ布きんをかぶせた状態で冷蔵庫に入れておけば、数時間は保存が可能です。冷凍保存した場合は、生地をゆでる際は解凍せず、凍ったままブイヨンに入れて少し長めにゆでます。

Step 3. 仕上げる

1.大鍋にブイヨンを入れてふつふつと沸いてきたら、トルテッリーニを入れて、浮かびあがってくるまで静かに沸騰する火加減でゆでる。
＊数回に分けてゆでます。
2.器にトルテッリーニを1人につき40個ほど、ブイヨンごと盛りつける。

SARA'S PASSATELLI IN STOCK

サーラおばあちゃんの
パッサテッリ・イン・ブロード

サーラおばあちゃんが教えてくれた「パッサテッリ」は、パン粉でつくるチーズ風味のふっくらした素朴なパスタ。中部に位置するエミリア＝ロマーニャ州とマルケ州北部の名物です。地域によって違いがあり、内陸部では肉のブイヨン、沿岸部では魚のブイヨンにあわせます。後者の場合、生地に加えるのはナツメグではなくレモンのゼスト。もともとパッサテッリは、硬くなったパンを使いきる手段でした。ですから、数日たって硬くなったパンを使うこと。ミキサーにかけて、砂のように目の細かいパン粉に仕上げるのがポイントです。パッサテッリはスープ仕立てが一般的でしたが、最近では、ズッキーニの煮込みなどのソースとあわせることもあります。

材料（4〜6人分）
肉のブイヨン（P.203）…4ℓ

♣パッサテッリ
卵（溶きほぐす）…3個分
パン粉（P.47 Step 3-1）…120g
パルミジャーノ・レッジャーノ（すりおろす）…150g
小麦粉（強力粉＋中力粉）…大さじ1
ナツメグ（おろしたて）…小さじ1/2
塩…小さじ1/4

♣仕上げ
パルミジャーノ・レッジャーノ（すりおろす）…適宜

作り方
Step 1. パッサテッリを作る
1.ボウルにすべての材料を入れ、手でこねるようによく混ぜあわせる。
＊生地がだれるようであれば、様子を見ながらパン粉（分量外）を加えて調整します。
2.生地をひとまとめにし、ラップに包んで30分休ませる。
3.生地をマッシャーに入る大きさにまとめ、詰めて押しだし（P.213右上）、7cm程度の長さで切り落とす。
＊少量をブイヨンでゆでてみて、生地の状態を確認すること。生地がゆるすぎて、ばらけてしまうようであれば、小麦粉（分量外）を少し加えます。また、できればカップのついたマッシャー（P.213右上）を使うほうが、より軽い仕上がりになります。

Step 2. 仕上げる
1.大鍋にブイヨンを入れてふつふつと沸いてきたら、パッサテッリを入れて、浮きあがってくるまで静かに沸騰する火加減でゆでる。
2.器にブイヨンごと盛りつけ、好みでパルミジャーノをふりかける。

GINA'S MEAT RAVIOLI
FROM PARMA

ジーナおばあちゃんの
パルマ風ラヴィオリ アノリーニ

「アノリーニ」は、北イタリアのパルマとピアチェンツァが発祥の詰めものパスタ。小さな円形のラヴィオリで、煮込んだ牛肉とパルミジャーノのリッチなフィリングが特徴。かつては貴族と富裕層の料理でしたが、今ではどの家庭もクリスマスのランチに作ります。

ジーナおばあちゃんは、若い頃にレストランを開業しなかったことを悔やむほどの料理好き。このレシピでは多めに牛肉を煮込むので、残りはメインディッシュやラヴィオリなどに活用してください。

ラヴィオリスタンプはクッキー作りに使うギザギザ刃の円形の抜き型で代用しても。抜きだして残った生地は、まとめて再び使います。

材料（8〜10人分／アノリーニ約150個分）
肉のブイヨン（P.203）…4ℓ

✤アノリーニ
00粉（強力粉+中力粉）…400g
卵…4個
*生地の状態によって粉の量を微調整すること。

✤フィリング
牛の煮込み
　バター…15g
　玉ねぎ（角切り）…1個分
　牛肩肉（角切り）…500g
　にんじん（角切り）…2本分
　セロリ（角切り）…20cm2本分
　クローブ…2個
　タイム…小枝2本
　赤ワイン…½本
　塩…小さじ1
パン粉（細目）…100g
卵…1個
パルミジャーノ・レッジャーノ（すりおろす）…200g
ナツメグ（おろしたて）、塩…各適量

作り方
Step 1. フィリングを作る
1.牛の煮込みを作る：厚手の鍋にバターを入れて弱火で溶かし、玉ねぎを入れてしんなりするまで炒める。牛肉、にんじん、セロリ、クローブ、タイム、ワイン、塩を加え、蓋をして牛肉がフォークで崩せるほど

とろとろになるまで弱火で3時間ほど煮込む。鍋を火からおろし、冷ます。
*水分が足りなければ、水（分量外）を加えます。
2.ボウルにパン粉、卵、パルミジャーノ、ナツメグ、1の煮汁（50〜100ml）を入れ、手でこねるようによく混ぜる。
*煮汁の量は生地の状態によって調整します。
3.1の牛の煮込み（200g）をフードプロセッサーに入れ、中速にかけてそぼろ状にし、2に加える。塩で味つけし、全体をよく混ぜる。

Step 2. アノリーニを作る
1.パスタ生地を作り（P.18）、ビニール袋に入れて45分休ませる。
2.生地を厚さ1mmほどにごく薄くのばし、約8cm幅の幅広の帯状に切り分ける。よく絞った濡れ布きんをかぶせ、乾燥しないようにしておく。
3.生地を横長に置き、右半分に2cm間隔で横2列に、フィリングを小さじ1ずつのせ、左半分の生地をフィリングの上にかぶせる。
4.コップを持つように手を軽く丸め、それぞれのフィリングのまわりを押して空気を抜きながら生地を密着させ、直径30mmほどのラヴィオリスタンプで抜く。残りの生地も同様に成形する。生地をバットに重ならないように並べる。

Step 3. 仕上げる
1.大鍋にブイヨンを入れてふつふつと沸いてきたら、アノリーニを入れて静かに沸騰する火加減で3〜5分ゆでる。器にブイヨンごと盛りつける。

ANNA'S DUCHESS' LITTLE SNAILS

アンナおばあちゃんの ルマケッレ・デッラ・ドゥケッサ

「ルマケッレ・デッラ・ドゥケッサ」は、「侯爵夫人の小さな巻き貝」というすてきな名前。中部ペーザロ・エ・ウルビーノ県の郷土パスタです。繊細な溝模様の入った小さな筒形で、かぐわしいシナモン風味。ミニサイズの「ガルガネッリ（P.161）」といったところ。

「手間がかかるので、このパスタを作る人はめったにいないわ。起源は15世紀で、シナモンなどの材料はとても高価だったはず。公爵夫人にとっても特別な機会の料理だったのよ」と語る、アンナおばあちゃん。その特別な機会とは出産でした。中世の時代、高貴な女性は出産後に40日間休むものとされ、滋養強壮のために鶏の内臓、特に胃を添えて食べたといいます。

アンナおばあちゃんは、ガルガネッリを作るのに使う、ペッティーネという葦の茎を使ってこのパスタを作りますが、ニョッキボードで代用できます。成形するのが億劫なら、生地を小さな正方形に切るだけでも構いません。

材料（4人分）
肉のブイヨン（P.203 ／または鶏のブイヨン［P.238]）…1ℓ

❋ルマケッレ・デッラ・ドゥケッサ
0粉（または強力粉＋中力粉）…200g
卵…2個
パルミジャーノ・レッジャーノ（すりおろす）…10g
シナモン（パウダー）…小さじ1
ナツメグ（おろしたて）…小さじ½
黒こしょう…小さじ½
＊生地の状態によって粉の量を微調整すること。

❋仕上げ
パルミジャーノ・レッジャーノ（すりおろす）…適量

作り方
Step 1. ルマケッレ・デッラ・ドゥケッサを作る
1.ボウルに卵以外の材料を入れてよく混ぜ、中央にくぼみを作る。くぼみに卵を割り入れ、フォークで少しずつ粉と混ぜあわせ、パスタ生地を作る（P.18）。よく絞った濡れ布きんをかぶせて30分休ませる。

2.生地を厚さ1mmほどにごく薄くのばし、2cm幅の帯状に切り分ける。

3.帯状の生地の端を棒に巻きつけて筒形にし、余分な生地を指でちぎり、あわせ目を押さえて閉じる。少し間隔をあけ、同じようにいくつか生地を棒に巻きつける（P.217上）。

4.生地を巻きつけた棒を、ニョッキボードの上で前後に数回やさしく転がし（P.217下）、表面に筋模様をつける。棒からはずしてバットの上に広げる。残りの生地も同様に成形する。

Step 2. 仕上げる
1.大鍋にブイヨンを入れてふつふつと沸いてきたら、ルマケッレ・デッラ・ドゥケッサを入れて、静かに沸騰する火加減で1〜2分ゆでる。
＊ひとつ食べてゆで加減を確認すること。

2.器にブイヨンごと盛りつけ、パルミジャーノをふりかける。
＊食べる前にまずは、シナモンのかぐわしい香りを楽しんで！

VELIA'S CAPPELLETTI
IN STOCK

___

ヴェリアおばあちゃんの
マルケ風
カッペレッティ・イン・ブロード

マルケ州のチンゴリ湖畔の村に暮らす、ヴェリアおばあちゃんとヴェナンゾおじいちゃん。ふたりはブドウ少しと、豆とズッキーニを栽培し、鶏とアヒルを平飼いしています。2016年の地震で被災し、この村に越してきましたが、今でも畑から1km先の自宅に戻るのが日課です。そこはヴェナンゾおじいちゃんが生まれ育った家。チンゴリ湖を見下ろし、雪を頂いたシビッリーニ山地を遥かに望みます。

ヴェリアおばあちゃんは、ユニフォーム縫製工場で長年働きました。縫いあがった服にアイロンをかけるのが仕事でしたが、もうひとつ仕事がありました。それは、工場長が所有するオステリアで、従業員のための食事を作ること。アイロン掛けの仕事をおえると、ランチを作りに行ったのです。退職した今は、地元のレストラン「ロ・スメラルド」のために「カッペレッティ」を作っています。「ロ・スメラルド」とは「エメラルド」という意味で、まさにチンゴリ湖の色を表しています。

マルケ地方では、家庭ごとのカッペレッティの味があります。フィリングの肉にローズマリーやにんにく、白ワインを加える人もいますが、素材の味わいをシンプルに生かすのがヴェリアおばあちゃん流。彼女が教えてくれた「カッペレッティ・マルキジアーニ（マルケ風カッペレッティ）」は、ボローニャのトルテッリーニ（P.209）に似ていますが、フィリングに七面鳥を加えるのが特徴です。ヴェリアおばあちゃんは自分の庭の鶏の卵と、近所の製粉所の粉を使って作ります。また、肉をミンチにする際に肉挽き器を使うのもこだわりのひとつで、昔ながらの手まわし式で肉を挽いています。フードプロセッサーを使う場合は、肉がペースト状になるまでまわさないように注意してください。

カッペレッティは円形のバージョンも存在しますが、生地の無駄がでないのでヴェリアおばあちゃんは四角形に切るのがお好み。生地に定規をあて、およそ3cm四方に切り分けていきます。カッペレッティは1か月ほど冷凍保存できるので、あまったら冷凍庫へ。使う場合は解凍せずに、沸かしたブイヨンに凍ったまま入れて少し長めにゆでます。

材料（4人分）
肉のブイヨン（P.203）…3ℓ

♣カッペレッティ
00粉（または強力粉＋中力粉）…400g
卵…4個
＊生地の状態によって粉の量を微調整すること。

♣フィリング
七面鳥むね肉…200g
豚ロース肉（脂身の少ないもの）…200g
牛肉（または仔牛肉／肩ロース肉またはモモ肉）…150g
サルシッチャ（生ソーセージ）…1本
モルタデッラ（ボローニャソーセージ／厚切りスライス）
…1枚
卵（溶きほぐす）…1個分
パルミジャーノ・レッジャーノ（すりおろす）…100g
バター…大さじ1
ナツメグ（おろしたて）…小さじ½
水（または赤ワイン）、塩、こしょう…各適量

♣仕上げ
パルミジャーノ・レッジャーノ（すりおろす）…適量

作り方
Step 1. フィリングを作る
1.七面鳥肉、豚肉、牛肉はひと口大に切る。サルシッチャは皮を取り除き、肉をフォークで崩しておく。
2.大きめのフライパンにバターを入れて弱火で溶かし、パチパチと音がしたら1の肉を入れて炒め、水をふって焼き色をつけないようにしながら炒め、中まで火がとおったら火を消し、肉が冷めるまでおいておく。
3.2の肉とモルタデッラを肉挽き器で挽く。
＊肉挽き器がない場合、フードプロセッサーの低速にかけても。ただし、肉がペースト状にならないよう注意します。
4.ボウルに3の肉を入れ、卵、パルミジャーノ、ナツメグ、こしょうを加え、フォークでよく混ぜる。味見をしながら、塩でしっかり味つけする。
＊ヴェリアおばあちゃんは、フィリングをひと晩冷蔵庫で寝かせ、風味をなじませてから使います。

Step 2. カッペレッティを作る
1.パスタ生地を作り（P.18）、よく絞った濡れ布きんをかぶせて30分休ませる。
2.生地を1mmほどに薄くのばす。
3.生地に定規をあて、パイカッターで3cm角の正方形に切り分ける。
＊成形する前の生地には、ビニールシートをかぶせておきます。
4.生地の中央に直径1.5cmに丸めたフィリングをのせ（P.220）、生地を対角線で折って三角形にし、縁まわりをしっかりと押してくっつける。
5.底辺の両端の角を手前で重ね、指でつまんでくっつける（P.220）。残りの生地も同様に成形する。

Step 3. 仕上げる
1.大鍋にブイヨンを入れてふつふつと沸いてきたら、カッペレッティを入れて、静かに沸騰する火加減で5〜10分ゆでる。
＊ひとつ食べてゆで加減を確認すること。
2.器にブイヨンごと盛りつけ、パルミジャーノをふりかける。

Recipe 8

Ravioli
and tortelli

ラヴィオリ&トルテッリ

食文化の研究者によると、ラヴィオリとトルテッリなどの詰めものパスタは、16世紀から存在するといいます。ラヴィオリが円形、半円形、四角形、三角形であるのに対し、トルテッリはフォルムのバリエーションがもっと豊かです。この章では、バターソースとあわせるラヴィオリとトルテッリを紹介します。バターは歴史的に、北イタリアと中部の一部でのみ使われるので、ここで紹介するレシピはそれらの地域の伝統パスタです。

VANDA'S CAPPELLACCI WITH PUMPKIN

ヴァンダおばあちゃんの
かぼちゃのカッペッラッチ

このかぼちゃのカッペッラッチ、「カッペッラッチ・ディ・ズッカ」は、エミリア＝ロマーニャ州フェラーラの伝統的なひと皿。帽子型のかわいらしいフォルムで、フィリングはかぼちゃのペーストです。89歳のヴァンダおばあちゃんは、家族が経営するレストラン「ラ・カバンナ・ディ・エラクリオ（エラクリオの小屋）」で働き、60年以上前からずっとパスタを作っています。このカッペッラッチは、ハレの日や休日に作るレシピです。

00粉とセモリナ粉をあわせて使うのがヴァンダおばあちゃん流。セモリナ粉を加えることで、きれいな黄色の色味と、歯ごたえが生まれます。また、卵黄を1つ余分に加えることで、生地のリッチ感がアップします。

材料（6人分）

❧ カッペッラッチ
00粉（または強力粉＋中力粉）…200g
セモリナ粉（細挽き）…200g
卵…4個
卵黄…1個分
*生地の状態によって粉の量を微調整すること。

❧ フィリング
かぼちゃ（種を取って6等分に切る）…1個分（正味1kg）
ナツメグ（おろしたて）…小さじ¼
パルミジャーノ・レッジャーノ（すりおろす）…100g
海塩（粗粒）、塩、こしょう…各適量

❧ 仕上げ
バター…120g
セージの葉（ちぎる）、パルミジャーノ・レッジャーノ（すりおろす）…各適量

作り方

Step 1. カッペッラッチの生地を作る
1.パスタ生地を作り（P.18）、よく絞った濡れ布きんをかぶせて30分休ませる。
2.オーブンを160℃に温めておく。

Step 2. フィリングを作る
1.天板に海塩を敷きつめる。かぼちゃをその上に並べ、160℃のオーブンで30〜40分やわらかくなるまで焼く。粗熱が取れたら皮をむき、フォークでつぶす。

*海塩の上にかぼちゃを並べて焼くことで、かぼちゃの水分を吸収してくれます。
2.ボウルに1のかぼちゃ、ナツメグ、パルミジャーノを入れてフォークでよく混ぜ、しっかり塩こしょうする。

Step 3. カッペッラッチを作る
1.Step 1の生地を厚さ1mmほどにごく薄くのばし、パイカッターで7cm角の正方形に切り分ける。
2.生地の中央にフィリングを小さじ1ずつのせ、対角線で折って三角形にし、縁まわりをしっかり押さえてくっつける。
3.底辺の両端の角を手前で重ね、指でつまんでくっつける。セモリナ粉（分量外）を広げたバットに並べ、さらに上からセモリナ粉（分量外）をふり、よく絞った濡れ布きんをかぶせておく。残りの生地も同様に成形する。

Step 4. 仕上げる
1.大鍋に湯を沸かして塩（分量外）を加え、カッペッラッチを入れて、静かに沸騰する火加減で4分ほどゆでる。
*ひとつ食べてゆで加減を確認すること。
2.大きめのフライパンにバターを入れて弱火で溶かし、セージの葉を香りがでるまで炒める。
3.カッペッラッチの湯をきり、2のフライパンに入れてバターとからめるように軽く炒める。
4.器にカッペッラッチを1人につき6個盛りつけ、3のフライパンに残ったバターをかけ、パルミジャーノをふりかける。

このレシピは工程がやや多いですが、難しく
はありません。ただし、カッペラッチを上手に
成形できるようになるには練習あるのみです!

MONICA'S PASTA BASKETS WITH RICOTTA AND LEMON

—

モニカおばあちゃんの チェスティーニ リコッタチーズとレモンの風味

モニカおばあちゃんは妹のダニエラおばあちゃんと、ボローニャ中央市場の裏手で生パスタ専門店「レ・スフォリーネ」を営んでいます。父親は肉の取引業者だったので、おいしい食べ物がいつも生活を彩っていました。でも、ふたりが店をはじめようと思い立ったのは、中年になってから。「私たちにとっては、ごく自然な流れだったの。パスタが大好きだから」とモニカおばあちゃんがいえば、「作る量が多いので、生地作りにはフードプロセッサーを使う場合もあるけれど、パスタマシンは決して使わないわ。のばした生地の食感がまったく違うから」とダニエラおばあちゃん。これがボローニャの女性パスタ打ち職人の心意気です！ そんな姉妹が、「ちょっと変わったものを店で売りたくて」と生みだしたのがこのレシピ。「チェスティーニ」は「バスケット」という意味で、リコッタチーズとさわやかなレモンの風味豊かなフィリングがたっぷり詰まった、きんちゃくのようなフォルムのオリジナルパスタです。

材料（4人分／チェスティーニ約32個分）
❧チェスティーニ
00小麦（または強力粉＋中力粉）…300g
卵…3個
＊生地の状態によって粉の量を微調整すること。

❧フィリング
リコッタチーズ（水気をきる）…250g
パルミジャーノ・レッジャーノ（すりおろす）…70g
レモンのゼスト（表皮をすりおろしたもの）…大1個分
＊レモンはノーワックスのものを使うこと。

❧仕上げ
バター…80g
シナモン（パウダー）…小さじ2

作り方
Step 1. チェスティーニの生地を作る
1.パスタ生地を作り（P.18）、ビニール袋に入れて30分休ませる。
2.生地を2つに分け、厚さ1mmほどのごく薄い帯状にのばす。
3.生地に定規をあて、ペストリーカッターで7cm角

の正方形に切り分ける。残りの生地も同様に成形する。
＊モニカおばあちゃんは、7cm幅で切れる、波刃で3枚刃のローラーカッターを使用しています。

Step 2. フィリングを作る
1.ボウルにすべての材料を入れ、木さじで練るように混ぜる。

Step 3. チェスティーニを作る
1.Step 1の各生地の中央にフィリングを小さじ1ずつのせ、生地の四隅を中心に集めて強く押し、4辺をくっつける。残りの生地も同様に成形する。

Step 4. 仕上げる
1.大鍋に湯を沸かして塩（分量外）を加え、チェスティーニを穴杓子などでそっと入れて、静かに沸騰する火加減で3〜4分ゆでる。
2.チェスティーニをゆでている間に、小鍋にバターを入れて弱火で熱して溶かす。
3.チェスティーニの湯をきり、器に1人につき8個盛りつける。
4.2のバターをまわしかけ、シナモンをふりかける。

GIUSY'S CASONCELLI
FROM BARBARIGA

~~~~~~~~~~~~~~~~~~~~~~

**ジュジーおばあちゃんの
バルバリーガ風 カゾンチェッリ**

~~~~~~~~~~~~~~~~~~~~~~

パスタの名前はとても厄介で、形は異なるのに名称は同じだったり、形は同じでも地域によって名称が異なったり……。「カゾンチェッリ」は前者の例。ロンバルディア州イゼーオ湖の南、バルバリーガ村ではキャンディーのようなフォルム。25km離れたブレシアでは船の形。近隣の村でも船形ですが、呼び名は「スカルピノック」と変わります。カゾンチェッリは16世紀から作られており、かつては残りものを使いきるための料理でした。バルバリーガ村に暮らすジュジーおばあちゃんが教えてくれたのは、ご当地の公式レシピ。セージの葉とほうれん草は、旦那様が育てた、自宅の裏庭で採れたものを使っています。

材料（10人分）

✤カゾンチェッリ
00粉（または強力粉＋中力粉）…500g
卵…4個
卵黄…2個分
＊生地の状態によって粉の量を微調整すること。

✤フィリング
ほうれん草…200g（ゆであがり約100g）
豚ロース肉（角切り）…150g
ハム（細切り）…150g
パン粉（細目）…200g
パルミジャーノ・レッジャーノ（またはグラナ・パダーノ／すりおろす）…150g
肉のブイヨン（P.203）…50ml
バター…小さじ2
セージ、ナツメグ（おろしたて）、塩…各適量

✤仕上げ
バター…100g
セージの葉…10枚
パルミジャーノ・レッジャーノ（すりおろす）…適量

作り方

Step 1. カゾンチェッリの生地を作る
パスタ生地を作り（P.18）、よく絞った濡れ布きんをかぶせて30分休ませる。

Step 2. フィリングを作る
1.鍋に湯を沸かして塩を加え、ほうれん草を1分ゆでる。ザルに取って湯をきり、粗熱が取れたら手で絞って水気をしっかりきる。
2.フライパンにバターを入れて弱火で熱し、豚肉とセージを入れ、豚肉に焼き色をつけないように気をつけながら中まで火をとおす。
3.フードプロセッサーに1、2、ハムを入れ、中速にかけて粗いペースト状にし、塩で味つけする。
＊セージを取りだしてからペースト状にしてもOK。
4.ボウルにパン粉、チーズ、ナツメグを入れてあわせ、3のペーストを加えてスプーンで混ぜ、さらに肉のブイヨンを加えてよく混ぜる。味見をして、塩気が足りなければ塩で味をととのえる。
＊ブイヨンの量は、フィリングを丸めた時にまとまる状態を目安に調整します。

Step 3. カゾンチェッリを作る
1.Step 1の生地を2つに分け、厚さ1mmほどにごく薄くのばす。
2.生地に定規をあて、パイカッターで7cm角の正方形に切り分け、生地をこね台に対してひし形に置き、中央に直径1.5cmに丸めたフィリングをのせる。
3.生地の手前の角をフィリングにかぶせ、さらに向こうに1折りし、フィリングの両側を押してしっかり密着させる。残りの生地も同様に成形する。

Step 4. 仕上げる
1.大鍋に湯を沸かして塩（分量外）を加え、カゾンチェッリを入れ、静かに沸騰する火加減で5分ゆでる。
＊数回に分けてゆで、ゆで加減は確認すること。
2.フライパンにバターを入れて弱火で溶かし、セージの葉を香りがでるまで炒める。
3.カゾンチェッリの湯をきり、器に盛りつける。

4.2の溶かしバターをまわしかけ、パルミジャーノを
ふりかける。

LEONDINA'S NETTLE TORTELLI

レオンディーナおばあちゃんの
イラクサのトルテッリ

レオンディーナおばあちゃんは、エミリア＝ロマーニャ州ファエンツァの南の丘陵地帯に暮らしています。朝霧が谷を覆って現代的な建物を隠すと、見えるのは小高い丘と、尖塔をいただいた小さな教会たち。300年前とほぼ変わらぬ風景です。彼女はここで7人の兄弟と共に育ちました。母親はアブルッツォ州の出身なので、子どもの頃の大好物は、スパゲッティ・アル・ポモドーロ（トマトソースのスパゲッティ）。「母はタリアテッレをよく作ってくれたけれど、当時は貧しかったので卵は少なめだったわ」と、懐かしそうに語ります。

今の彼女は、日曜日に家族のためにパスタ料理を作るのが楽しみ。お得意は、リコッタチーズとハムを詰めたカネロニのベシャメルソース＆ラグーがけや、この「トルテッリ・ドルティカ（イラクサのトルテッリ）」。若いイラクサを使った春色のパスタは、素材選びがすべてとレオンディーナおばあちゃんはいいます。その言葉どおり、リコッタチーズは手作り。また、おばあちゃんは、羊乳のリコッタは風味づけ、牛乳のリコッタは食感のために、2つのリコッタチーズを混ぜて使います。作ったトルテッリがあまったら冷凍庫へ。使う際には解凍せずに、凍ったままゆでます。

材料（6〜8人分／トルテッリ約90個分）

❖トルテッリ
イラクサ（またはほうれん草）…120g（ゆであがり約60g）
卵…3個
エキストラ・バージン・オリーブオイル…大さじ1
00粉（または強力粉＋中力粉）…400g
セモリナ粉…適量
＊生地の状態によって粉の量を微調整すること。

❖フィリング
リコッタチーズ（水気をきる）…500g
イラクサ（またはほうれん草）…150g（ゆであがり約75g）
パルミジャーノ・レッジャーノ（できれば24カ月熟成のもの／すりおろす）…125g
ナツメグ（おろしたて）、塩…各適量

❖仕上げ
バター…60g
セージの葉…18枚
パルミジャーノ・レッジャーノ（すりおろす）…大さじ2〜3

作り方

Step 1. トルテッリの生地を作る

1.大鍋に湯を沸かして塩（適量、分量外）を加え、イラクサを30秒ゆでる。ザルなどに取って冷水ですすぎ、手で絞って水気をしっかりきる。

2.ミキサーに1のイラクサ、卵を入れて高速にかけ、液状にする。

3.こね台に粉を盛ってくぼみを作り、くぼみに2を注ぐ。フォークで混ぜて徐々に粉と水分をなじませ、ひとまとめにする。

4.生地がなめらかになるまで15分ほどこね、よく絞った濡れ布きんをかぶせて30分休ませる。

Step 2. フィリングを作る

1.Step 1-1と同じようにイラクサをゆで、みじん切りにする。

2.ボウルにリコッタチーズとパルミジャーノを入れ、1のイラクサを加え、ナツメグ、塩（ひとつまみ）を加えて手でよく混ぜる。味見をして、塩気や風味が足りなければ塩とナツメグをさらに加える。

Step 3. トルテッリを作る

1.Step 1の生地をいくつかに分け、厚さ1〜2mmにのばし、5〜7cm角の正方形に切り分ける。

2.生地の中央に直径3cmに丸めたフィリングをのせ、対角線に折って三角形にし、縁まわりをしっかり押さえて生地を閉じる。残りの生地も同様に成形する。生地はセモリナ粉をふったバットに並べておく。
＊レオンディーナおばあちゃんは、円形のラヴィオリスタンプの端を縁まわりに転がし、生地を閉じます。

Step 4. 仕上げる

1.大鍋に湯を沸かして塩（分量外）を加え、トルテッリをそっと入れて、静かに沸騰する火加減で3〜4分ゆでる。
＊ひとつ食べてゆで加減を確認すること。

2.大きめのフライパンにバターを入れて弱火で溶かし、セージの葉を香りがでるまで炒める。

3.トルテッリの湯をきり、2のフライパンに入れ、パルミジャーノをふり、からめるように炒めあわせ、器に盛りつける。

このレシピには、早春に摘んだ若いイラクサを使います。イラクサには葉と茎にトゲがありますが、調理するとチクチクしません。イラクサが入手できなかったり、他の時期は、ほうれん草を使ってください。

CLAUDIA'S TORTELLI D'ERBETTA

クラウディアおばあちゃんの
若草のトルテッリ

パルマは食通に愛される町。プロシュット(生ハム)とパルミジャーノ・レッジャーノの産地としても知られ、パスティフィチオ(生パスタ専門店)があちこちにあります。

クラウディアおばあちゃんは退職後、この町で娘が経営するパスタ専門店を手伝っています。「トルテッリ・デルベッタ(若草のトルテッリ)」はパルマの郷土料理で、彼女のお気に入りのパスタのひとつ。フィリングには、乳清からではなく全乳から作られたリコッタチーズを使うので、味わいはより豊か。若草はいろいろな選択肢がありますが(たとえば田舎ならイラクサ)、クラウディアおばあちゃんはいつでも手に入るスイスチャードがお好みです。

材料(たっぷり**4人分**/トルテッリ約**60個分**)
❧**トルテッリ**
00粉(または強力粉+中力粉)…400g
卵…4個
セモリナ粉、塩…各適量
＊生地の状態によって粉の量を微調整すること。

❧**フィリング**
スイスチャードの葉…170g(ゆであがり約150g)
リコッタチーズ(水気をきる)…550g
パルミジャーノ・レッジャーノ(できれば24カ月熟成のもの/すりおろす)…60g
ナツメグ(おろしたて)、塩…各適量

❧**仕上げ**
バター(食塩不使用)…50g
パルミジャーノ・レッジャーノ(できれば24カ月熟成のもの/すりおろす)…50g

作り方
Step 1. トルテッリの生地を作る
1.パスタ生地を作り(P.18)、ビニール袋に入れて30分休ませる。
＊クラウディアおばあちゃんは、生地を半分に切ってこねあがりを確認します。おばあちゃん曰く、「生地の断面に小さな気泡がいくつもできていたら、こねあがりよ」。

Step 2. フィリングを作る
1.大鍋に湯を沸かし、スイスチャードの葉をしんなり

するまで3〜4分ゆでる。ザルに取って冷水ですすぎ、手で絞って水気をしっかりきり、みじん切りにする。
＊クラウディアおばあちゃんは、メッザルーナで、スイスチャードの食感が多少残るよう刻んでいます。
2.大きなボウルに1のスイスチャード、リコッタチーズ、パルミジャーノを入れ、塩で味つけし、ナツメグをふり、よく混ぜあわせる。

Step 3. トルテッリを作る
1.Step 1の生地を4つに分け、厚さ1mm×幅10cmの帯状にのばす。生地にセモリナ粉をふり、くっつかないようにしておく。また、のばす前の生地にはよく絞った濡れ布きんをかぶせ、乾燥しないようにしておく。
＊パスタマシンを使ってもOK。
2.生地を横長に置き、手前から2cmほどの位置に約5cmの間隔で横1列に、直径3cmに丸めたフィリングをのせていく。手前の生地を折り返してフィリングの上にかぶせ、端どうしをあわせる。
3.フィリングのまわりを指先で押して空気を押しだし、上下の生地を密着させる。フィリングのまわりに余白を1cm残し、パイカッターで正方形に切り整える。残りの生地も同様に成形する。

Step 4. 仕上げる
1.大鍋に湯を沸かして塩(分量外)を加え、トルテッリを入れて、軽くふくらんだ状態で浮かびあがってくるまで静かに沸騰する火加減でゆでる。
＊数回に分けてゆでます。

2.小鍋にバターを入れ、湯煎で溶かす。

＊弱火にかけて溶かしてもOK。

3.トルテッリの湯をきり、サラダボウルに入れ、2の

溶かしバターを加えてからめる。

4.器に盛り、パルミジャーノをたっぷりふりかける。

MARIA'S RAVIOLI INCACIATI

マリアおばあちゃんの
ラヴィオリ・インカチャーティ

「ラヴィオリ・インカチャーティ」は、中部のシビリーニ山地に囲まれたアスコリ＝ピチェーノの名物パスタ。鶏のとさかのようなひだを寄せた、半円形の大きなラヴィオリです。インカチャーティとは、「チーズをふりかけた」という意味。伝統的に四旬節の直前に行われるカーニバルのための祝い料理で、鶏、豚、チーズを混ぜたフィリングは、シナモンとナツメグがほのかに香ります。「ラヴィオリ・ディ・パッパ（離乳食のラヴィオリ）」とも呼ばれるように、木さじでかき混ぜられるくらいゆるめに、どろどろに仕上げるのがポイント。あまったら冷凍庫へ。使う際には解凍せず、凍ったまま長めにゆでます。

材料（12〜14人分）
❖鶏のブイヨン
鶏肉（平飼いのオーガニックのもの）…1.7kg
シナモンスティック…1本
水…適量

❖ラヴィオリ・インカチャーティ
00粉（または強力粉＋中力粉）…500g
卵…5個
*生地の状態によって粉の量を微調整すること。

❖フィリング
豚ロース肉（角切り）…100g
食パン（硬くなったもの／クラストは取り除く／スライス）…200g
白ワイン…1/2カップ
パルミジャーノ・レッジャーノ（できれば24カ月か36カ月熟成のもの／または熟成したペコリーノ・ロマーノ／すりおろす）…200g
卵（溶きほぐす）…2個分
エキストラ・バージン・オリーブオイル…大さじ4
シナモン（おろしたて）、ナツメグ（おろしたて）、塩…各適量

❖仕上げ（1人分）
バター…15g
シナモン（パウダー）…ひとつまみ
パルミジャーノ・レッジャーノ（またはペコリーノ・ロマーノ／すりおろす）…適量
*人数分の量を用意します。

作り方
Step 1. 鶏のブイヨンを作る
1.大鍋に鶏肉とシナモンを入れ、かぶるくらいの水を注ぐ。鍋を強火にかけ、沸騰したら火を弱め、水面がゆらめく程度の火加減で1時間煮込む。
2.鍋を火からおろし、そのまま冷まし、ブイヨンを漉す。肉は骨から外してほぐしておく。

Step 2. ラヴィオリ・インカチャーティの生地を作る
1.パスタ生地を作り（P.18）、よく絞った濡れ布きんをかぶせて30分休ませる。

Step 3. フィリングを作る
1.フライパンにオリーブオイルをひいて中火で熱し、豚肉を入れて10分炒める。ワインを加え、木べらでフライパンの底からかき混ぜ、水分をとばす。
2.ボウルにパンを入れ、ナツメグ、シナモン（小さじ2）、Step 1の鶏のブイヨンを加えてパンを湿らせる。
*ブイヨンの量は、パンが十分に湿るくらいを目安に。
3.フードプロセッサーにStep 1の鶏肉と1の豚肉を入れ、高速にかけてそぼろ状にし、2のパンを加え、高速でまわしてペースト状にする。
4.ボウルにあけ、チーズを加えて木さじで混ぜ、卵を加えてさらに混ぜあわせる。味見をして、塩、ナツメグとシナモンをさらに加え、しっかり味つけする。
*どろっと濃厚なペースト状を目安に、様子を見ながらブイヨンを加えて調整します。

Step 4. ラヴィオリ・インカチャーティを作る
1.Step 2の生地を厚さ1〜2mmのシート状にのばし、12cm幅の帯状に切り分ける。

2.生地を横長に置き、手前から2cmほどの位置に、10cm間隔で横1列に、直径4cmほどに丸めたフィリングをのせていく。手前から生地を折り返してフィリングの上にかぶせ、端どうしをあわせる。

3.フィリングのまわりを軽くたたいて空気を抜きながら上下の生地を密着させる。フィリングのまわりをパイカッターで半円形に切る。

4.生地をこね台の上に立たせて置き、縁を5～6カ所つまんでひだをつける。残りの生地も同様に成形する。生地は粉（分量外）をふったバットに並べておく。

Step 5. 仕上げる

1.小鍋にバターとパルミジャーノ、シナモンを入れて弱火で熱し、バターを溶かす。

2.大鍋に湯を沸かして塩（分量外）を加え、ラヴィオリ・インカチャーティを入れて、浮きあがってくるまで静かに沸騰する火加減でゆで、湯をきる。

3.器に盛りつけ、1のバターソースをまわしかける。

IDA'S AGNOLOTTI DEL PLIN

—

イーダおばあちゃんのアニョロッティ・デル・プリン

材料（6〜8人分）
❧アニョロッティ・デル・プリン
00粉（または強力粉＋中力粉）…400g
卵…4個
＊生地の状態によって粉の量を微調整すること。

❧フィリング
リゾット米…30g
牛乳（または肉のブイヨン [P.203]）…½カップ
バター…大さじ2
ほうれん草…100g
にんにく（皮をむいて丸ごと）…2片
豚ロース肉（2cm大の角切り）…200g
仔牛肉（モモ肉、肩肉、肩バラ肉など／2cm大の角切
り）…200g
ウサギ肉（または骨なし鶏もも肉／2cm大の角切り）…
200g
ローズマリー…小枝1本
白ワイン…85ml
鶏のブイヨン（P.238）…50ml
卵（溶きほぐす）…1個分
パルミジャーノ・レッジャーノ（すりおろす）…150g
ナツメグ（おろしたて）、塩…各適量

❧仕上げ（1人分）
バター…15g
セージの葉、パルミジャーノ・レッジャーノ（すりおろ
す）…各適量
＊人数分の量を用意します。

作り方
Step 1. アニョロッティ・デル・プリンの生地を作る
1.パスタ生地を作り（P.18）、クッキングシートに包ん
で30分休ませる。

Step 2. フィリングを作る
1.鍋にリゾット米と牛乳を入れ、弱火にかけて少し
芯が残る程度に炊く。
＊米のパッケージの表示に従って炊いてください。
2.フライパンにバター（大さじ1）を入れて弱火で溶か
し、ほうれん草、にんにく（1片）を入れ、ほうれん草
がしんなりして水気がなくなるまで炒める。
3.にんにくを取りだし、1の米とあわせて冷ます。
4.肉類を調理する（P.170 Step2-1〜3）
＊焼き汁は仕上げに溶かしバターの代わりにかけて
もおいしく、その場合や「タヤリン グレイビーソース
（P.170）」に使う場合は、取っておきます。
5.4の肉を肉挽き器で挽き、続いて3のほうれん草
と米も挽き、ボウルに入れる。
＊肉挽き器がない場合、食感が残る程度にフードプ
ロセッサーの低速にかけます。
6.パルミジャーノ、卵、ナツメグを加え、塩でしっか
り味つけし、フォークでよく混ぜあわせる。

Step 3. アニョロッティ・デル・プリンを作る
1.Step 1の生地を厚さ1mmほどにごく薄くのばし、
約12cm幅の帯状に切り分ける。
2.生地を横長に置き、手前に5cm間隔で横1列に、
フィリングを小さじ半量ずつのせていく。手前の生地
をフィリングにかぶせ、フィリングのまわりを軽くた
たいて空気を抜き、折り返した生地の端を押さえて
下の生地とくっつける。
＊残りの生地にはよく絞った濡れ布きんをかぶせて、
乾燥しないようにしておきます。
3.フィリングを詰めた1列分をパイカッターで切る。
4.フィリングとフィリングの間の生地を、親指と人差
し指で立てるようにつまむ。
5.フィリングどうしの間を等間隔にパイカッターで切
り、1個ずつに切り離す。

Step 4. 仕上げる

1.大鍋に湯を沸かして塩（分量外）を加え、アニョロ
ッティ・デル・プリンを入れて、静かに沸騰する火加
減で5分ゆでる。

2.フライパンにバターを入れて弱火で溶かし、セー
ジの葉（できればたっぷり）を加えてセージの香りがで
るまで炒める。

3.アニョロッティ・デル・プリンの湯をきり、器に盛

り、2の溶かしバターをまわしかけ、パルミジャーノ
をふりかける。

「アニョロッティ・デル・プリン」は、ピエモン
テ州の小さなラビオリ。「プリン」とはピエモ
ンテの方言で「つまむ」を意味し、生地をつ
まんでくっつけることに由来します。

GRAZIE! GRAZIE!

おわりに

表紙には著者として私の名前が記されていますが、本書は多くの方たちのおかげで日の目を見ました。そもそも、キッチンに招き入れてくださった、すばらしいおばあちゃんたちの存在なしには、この本は成り立ちません。関わってくれたすべてのおばあちゃん（と、おじいちゃんたち）に、「grazie di cuore（心からお礼を申し上げます）!」。

そして、旅の途中で出会ったすべてのみなさま、本書の出版の機会を与えてくださった出版社のみなさまに、心よりお礼申し上げます。

元祖「パスタ・グラニー（パスタおばあちゃん）」といえる母のスー。私の手となり足となりサポートしてくれてありがとう。私のよきアドバイザーにして一番のファンでいてくれる父のヒュー。常に好奇心をもち、人生をとおして冒険を続けるよう励ましてくれて、ありがとう。

そして最後に、夫のビリー・マックイーン。あなたがいたからこそ、この上なく楽しいパスタをめぐる旅ができました。

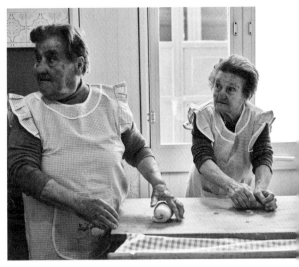

ANNEX

付録

手打ち生パスタをもっと楽しむために：その他の材料

❖ チーズ
パルミジャーノ・レッジャーノ：本書のレシピの多くは、すりおろしたハード系チーズをふって仕上げます。北イタリアではたいてい、パルミジャーノ・レッジャーノを使います。このチーズは、熟成期間が最低18カ月以上と定められており、熟成期間が長くなるほど、じゃりじゃりとした顆粒状の食感が強くなって、風味に深みとコクがでて、値段も高くなります。

グラナ・パダーノ：パルミジャーノ・レッジャーノとよく似たチーズで、パルミジャーノ・レッジャーノの代用としても使えます。脂肪分が低いので、熟成期間が短いなど製法やプロセスが異なるため、風味の複雑さが弱いものの、価格はお手頃です。

ペコリーノ：羊乳を原料とした硬質のチーズ。たくさん種類があり、代表格はペコリーノ・ロマーノとペコリーノ・サルド。前者は D.O.P. によってラツィオ州とサルデーニャ州が、後者はサルデーニャ州のみ産地指定されています。いずれも中部から南部にかけてよく使われます。ペコリーノ・サルドが入手しづらい場合、ペコリーノ・ロマーノで代用してください。

リコッタチーズ：羊乳、牛乳、ヤギ乳から作られるチーズ。北イタリアでは、クリームを加えているものもあります。南イタリアでは、水抜きと塩漬けを繰り返したあとに熟成させる、リコッタ・サラータが作られています。本書で使うリコッタチーズは分量どおり用意したら、ザルにあげて30分ほどおいておき、水気をきってから使います。

❖ トマト
トマトをザルで裏漉しただけのピュレは、「パッサータ」と呼ばれ、本書のレシピにもたびたび登場します。市販のパッサータを使ってもOKです。入手できない場合、缶詰のホールトマトをハンドブレンダーの中速にかけ、ピュレ状にして代用してください。
イタリアのおばあちゃんたちは、毎年夏になると、フレッシュなトマトでパッサータを作って瓶詰めにします。自分で育てたトマトを使う人もいれば、親しくしている農家に大量に注文する人もいます。
トマトペーストは、伝統的には真夏に、ペースト状にしたトマトをテーブルや木の板の上に広げ、天日干しにして作ります。シチリアを訪れる機会があれば、伝統的な超濃厚トマトペースト「ストラットゥ」を是非お土産に！ また、ポモドーロ・コンチェントラートを使うと、ぐっとイタリアを感じる味わいになります。

❖ 油脂
オリーブオイルは、エキストラ・バージン・オリーブオイルを使用してください。重要なのは産地よりも鮮度です。オリーブオイルは光に弱く、劣化しやすいので、缶入りか遮光性の高い暗い色の瓶に入ったものを選びます。また、製造年を確認し、製造から日が経っていない新鮮なものを購入しましょう。
ちなみに、オリーブオイルが、どこでも手に入る一般的なものになったのは、第二次世界大戦以降のこと。イタリア中部および北部では伝統的に、ラード（ストルット）が使われていました。冷蔵庫で保存する必要がないからです。また、北部ではバターが使われ、キロ単位で買う人もいます！ 日本でラードを保存する場合、冷蔵しましょう。

その他の道具

❖ デジタルスケール
計量が簡単で、より正確に材料を量れます。

❖ スケッパー（スクレーパー）
生地を作る時に生地を混ぜたり、こね台に残る粉をすくって生地に混ぜる際に使います。お菓子用の金

属製やプラスチック製のものでよいでしょう。鍛冶屋
が作った昔ながらの鉄製のスケッパー「ラスキエッ
ト」を使っているおばあちゃんもいます。残念ながら
この道具は、現在作られていないので、入手したい
ならアンティークマーケットで見つけましょう。

✤ めん切り包丁
ストレート刃の大きなもの。のばした生地をカットし
たり、切り分けたりする際に使います。牛刃包丁
または菜切り包丁で代用可能です。

✤ ナイフ
ステーキナイフやデザートナイフで、刃がカーブ状で
ギザギザしているもの。オレッキエッテを作る際に
使います。

✤ ニョッキボード
カヴァテッリを作る際に用います。使いやすいのは
長さ20cmほどのものです。

✤ 棒
長さ30cm直径4cmの鉄製（または木製）のもの。マ
ッケローニを作る際に使います。基本的には、真っ
すぐな棒状で、転がしても壊れなければ、断面は丸
型でも四角でもOKですが、断面が四角いものは丸
型のものよりも生地がくっつきにくくなります。編み
棒や長めの竹串で代用可能です。

この本ではこれらに加え、主に乳鉢、乳棒、刷毛、
木べら、金串、竹串、つまようじ、フォーク、スプー
ン、穴杓子、網杓子、レードル、ナイフ、メッザルー
ナ（ミンチングナイフ／または、よく切れる重い包丁）、
テーブルナイフ（洋食用ナイフ）、パイカッター（波刃）、
キッチンバサミ、キタッラ（P.182）、ラヴィオリスタンプ
（直径5mmほど）、ザル、バット、ボウル、サラダボ
ウル（耐熱）、ハンドブレンダー、フードプロセッサ
ー、ミキサー、マッシャー、ムーラン（野菜ミル）、肉
挽き器、チーズおろし器（またはナツメグのおろし金）、
鍋（大、小）、寸胴鍋（4〜6ℓ入る鍋）、フライパン（大、
中）、中華鍋、耐熱皿、オーブン、キッチンペーパー、
クッキングシート、ビニール袋を使います。

用語集

✤ ヴィショラ（visciola）
野生のサワーチェリーの名称。このチェリーを使って
作られる、マルケ州のデザートワインも指す。

✤ ヴィンコット（vincotto）
皮や種ごとつぶして取ったブドウの果汁を、ゆっくり
煮詰めた天然のシロップ。

✤ グーラッシュ（goulash）
牛肉と野菜をじっくり煮込んだ、パプリカの彩りが豊
かなスープ。ハンガリーに起源をもつ。

✤ サルサ・ヴェルデ（salsa verde）
イタリアンパセリにアンチョビやにんにくをあわせた
ソース。

✤ シュトゥルーデル（Strudel）
幾層にもなったパイ生地で甘いフィリングを巻き込
む、ドイツおよびオーストリアのお菓子。

✤ ソフリット（soffritto）
玉ねぎ、にんじん、セロリなど香味野菜をみじん切
りにして、たっぷりのオリーブオイルで揚げるように
炒めたもの。

✤ チャウスコロ（ciauscolo）
マルケ州特産のソフトサラミ。

✤ D.O.P.
イタリアの原産地名称保護制度「Denominazione di
Origine Protetta」の略語。ワイン、チーズ、ハム、ソ
ーセージ、オリーブ、野菜などの食品・農産物に対
し、特定地域内で規定された製法により生産・加
工・仕上げがなされたものであることを示す品質認
証。チーズは42種類ほどが認定されている。

おばあちゃんたちを訪ねて

✤ Giuseppa ジュゼッパおばあちゃん (P.61)

サルデーニャ島北部のオツィエリ村で出会った、97歳のジュゼッパおばあちゃん。生家は大家族用に改築され、子どもや孫と暮らしています。「菜園にひとりで行かないでといっているの」。孫のお嫁さんは、急坂がどんなに危険かを身振り手振りで説明しながら、ため息まじりにいいました。聞き分けのない子どものようなおばあちゃんは、どんな人生を歩んできたのでしょう。

「本当に辛かったという記憶はないけれど、だされるものを食べるしかなかった。結婚前はお針子として、服を仕立てていたのよ」。専門はサルデーニャの男性用の民族衣装。今も家族の男性たちが着る服を作っています。それも9人分、なんと下着まで! 見せてくれるよう頼むと、おばあちゃんは黒いジャケットを着てくれました。もとは婚礼用のコートで、赤い花を散りばめたドレスの上に羽織ったとか。ずっと大切に着ているというご自慢の一着です。「年頃になっても結婚したくなかったの。お針子の仕事が大好きだったから」と、いたずらっぽく笑うおばあちゃん。旦那様から熱烈なプロポーズを受けて結婚したのは、34歳のとき。当時としてはきわめて晩婚でしたが、4人の子宝にも恵まれました。

最近は食欲が落ちて、料理はあまり作らないそうですが、お手製のクッキーを振る舞ってくれました。そして、みんなでクッキーをいただきながら、モルゴンジョーリ村のチェザーリアおばあちゃん (P.191) がロリギッタスを作る映像の鑑賞会がはじまりました。車で2時間ほどの場所なのに、ジュゼッパおばあちゃんはこのパスタを知りませんでした。彼女はすぐにパスタ生地を取り出し、まねして作りはじめました。「生地を小さくしなくちゃ!」と大奮闘。いくつになっても新しいことを学びたいという姿に、感動しました。

✤ Ada アダおばあちゃん (P.88)

79歳のアダおばあちゃんはずっと、イタリア中部、アブルッツォ州の山間部にあるオルトゥッキオ村に暮らしています。8人兄弟の末っ子で、兄が1人と姉が6人います。両親は乳牛と豚を飼育すると共に、小麦と野菜を栽培していました。母親はいつも民族衣装を着ていましたが、娘たちはその習慣を受け継ぎませんでした。農業が機械化される以前、農家は猫の手も借りたいほど忙しかったので、子どもたちは最低限の学校教育をおえると、家族と一緒に畑で働くのが一般的でした。アダおばあちゃんも義務教育をおえると、11歳で農作業をはじめました。

彼女にとって子どものころの思い出の味は、じゃがいもと豆のミネストラ (スープ)。今でも誕生日に食べたいとリクエストするほどで、つけあわせには、塩をしたピーマンがお気に入りです。

旦那様のオッタビオおじいちゃんは、もともとはお兄さんのご友人。彼女が21歳の時に出会い、2年後に結婚すると、一緒に野良仕事に精を出しました。今でも600坪程の土地で野菜を育てています。キャベツ、豆、玉ねぎ、にんにく、じゃがいもなど作物のほとんどは自宅用です。菜園の一角には、おじいちゃんがDIYしたご自慢の小屋もあり、以前は鶏とアヒルを飼っていましたが、近くのアブルッツォ国立公園のクマの母子に襲われてしまったそう。クマが、民家に被害を与えるのはよくあることだとか。「警察に訴えて補償してくれといったら、我が家は公園の外にあるから補償の対象外ですって。それで、クマがまた来たら仕留めていいかと尋ねたら『撃ってもいいけど、監獄行きですよ』ですって」。こう語りながら、思い出し笑いをするおばあちゃんが印象的でした。

✤ Domenica ドメニカおばあちゃん (P.110)

冬の寒さが厳しい北西部のピエモンテ州サンペイレでは、家々は南向きの山腹に建ち並び、敷石ほどの分厚い屋根板が格子状にはめ込まれています。ドメニカおばあちゃんとトニおじいちゃんの家は、戸口に向かう石段の下に犬小屋があり、戸口を入るとすぐペールグリーンの壁のキッチンになっています。

おばあちゃんは針仕事が大好き。羊毛から毛糸を紡ぎ、複雑な模様の靴下を編むのはお手のもの。10世紀に侵略者のアラブ人を撃退したことを祝う伝統的なお祭り、「バイオ」のために、ご主人の衣装も作ります。パレードに参加するのは男性だけですが、女性は、頭飾りから胴着、腰帯、ズボンに至るまで衣装を手作りし、精巧な刺繍を施すのです。ドメニカおばあちゃんは、赤ちゃんの洗礼用ボンネット (ベビー帽) を作るのも趣味で、段ボール箱には今まで

の作品がたくさんしまってあります。女の子用のボンネットはてっぺんにリボンの蝶飾りがついています。「悲しいわ。今の子どもたちはこういう恰好はしないのよ。これを見てちょうだい。祖母が作ったの」。こういいながら見せてくれた小さなボンネットは、鮮やかな模様のコットン生地がパッチワークされ、ていねいに裏地が施されていました。

おばあちゃんとご主人はかつて酪農を営み、夏の間は牛の群れをアルプスの牧草地に連れて行き、牛と山で暮らす生活を送っていました。酪農をやめた今も、ふたりは2時間かけて山に登り、電気のない小屋で6週間ほど過ごします。「食べるものに困らないよう、豆とじゃがいもを植えに山に行ってきたばかり」と、はずんだ声で語るドメニカおばあちゃん。「いつ山に行くって決めてはいないのよ。陽気が暖かくなったら行くの」。ふたりのこの生活は、これからも続いていきます。

✤Rachele ラケーレおばあちゃん (P.132)

南部プーリア州のサンタガータ村は高台にあり、眼下には、昔ながらの風景にそぐわない風力タービンが並んでいます。この村の家々はレンガとモルタルでおめかしした洞窟住居。L字型に配置された"巣穴"の上に、2〜3階建ての個室があり、はしごで各部屋を行き来します。家畜は1階の部屋で飼われ、ほかの部屋を暖める役割があります。96歳のラケーレおばあちゃんの家も、そうした伝統的家屋です。

彼女の人生は、ほろ苦いシンデレラ物語さながら。彼女も頑張り屋で、王子さまは隣の家の、のちに夫となるジェラルドでした。幼い頃から彼女を愛していたジェラルドは、そばにいたい一心で彼女を支え、17歳の時、愛を告白しようと決心。そして、甘く熟れたブドウを選び、ラケーレに渡すよう友人に頼みます。「このブドウが甘いと思ったら、贈り主の男がどんなにやさしいか考えてくれ」という言葉を添えて。その瞬間からふたりは固く結ばれたのです。

やがて夫婦は沿岸の町フォッジアに引っ越しました。「一番幸せな歳月だった。いつも一緒にオペラを歌ったわ」と、うっとりと思いを馳せるおばあちゃん。旦那様は自宅のサワーチェリーでジャムやワインづくりに情熱を燃やしたとか。「でもワインはシロップみたいに甘ったるくて、夫だけが気に入っていたわ!」。

貧しかったために特に好きな料理はないそうですが、マッケローニ・ア・デッシータを作るのは大好きとか。そら豆の時期には、煮込んだそら豆のソースとあわせて、このパスタを食べるのが楽しみなのだといいます。別れ際に聞いたラケーレおばあちゃんの言葉は、心に響きました。「長寿の秘訣? わからないわ。でも、家族と友達、イエス様を愛しているおかげかしら」。

✤Rosa ローザおばあちゃん (P.147)

ローザおばあちゃんの家に入ると、「ピポパパ」という電子音が聞こえました。この本の撮影がうれしくて、多くの友達に参加して欲しいと短縮ダイヤルで電話をしていたのです。「私のパーティーは有名なのよ。通りにテーブルを並べ、40人分のピザを焼くの!」と語るように、おばあちゃんは無類の社交家です。

彼女は南部のバジリカータ州、サンタルカンジェロ村の旧市街に暮らしています。村からは、彼女の広大な菜園と果樹園のある谷底が見下ろせます。ローザおばあちゃんは野菜農家で、「両親の代から野菜を育ててきたの。男性よりも農業が好き」と笑います。今まで愛した男性を尋ねると、おばあちゃんは「シーっ」と指を口にあてました。その後、語ってくれたロマンスは、想像をはるかに超えるものでした。おばあちゃんが結婚したのは、地元の司祭エディージオ師。「私が生まれたとき、彼はすでに20歳。私の数学の先生であり、私の司祭だったの」。おばあちゃんは、農業の合間に彼のために家事を引き受けることになり、ふたりは結ばれました。彼女が最初の子どもを身ごもると、彼は還俗して結婚。そんな最愛の夫を数年前に亡くし、今は独りで暮らしながら、菜園の手入れに大忙しです。

ローザおばあちゃんは、いろんな野菜を育てています。この地域では冬に、すりおろしたホースラディッシュを肉のラグーにかけて食べるのを、誰もが楽しみにしています。また、おばあちゃんは地元特産の肉薄の長いパプリカ、ペペローネ・ディ・セニーゼも育てています。ここではどの家庭も軒下に吊るして乾燥させ、パプリカパウダーとして使ったり、オリーブオイルで揚げてチップスとして食べたり、砕いて料理にかけたりします。バジリカータの料理にはかかせない伝統的な食材なのです。

本書に登場するパスタ

著者／ヴィッキー・ベニソン

長年、シベリア、南アフリカ、トルクメニスタンなどで国際開発事業に携わる中、次第においしいものへの情熱が高じ、食に関する執筆活動を開始。ロシアのマフィアと一緒にきのこ狩りをしたり、ケニアのトゥルカナ湖の近くでシマウマを調理したりと、その食体験は冒険心にあふれている。著書に『The Taste of a Place（土地の味わい）』、共著に『Seasonal Spanish Food（季節のスペイン料理）』がある。

監修者／河村耕作

イタリア・ボローニャにあるパスタ学校（旧ラ・ヴェッキア・スクォーラ・ボロニェーゼ）にて手打ちパスタを学び、地元のレストラン「リストランテ・ガルガネッリ」で製麺を担当。のちにパスタ学校へ戻り、プロフェッショナルコースの講師を務める。帰国後、河村製麺所を開業。2012年には、アメリカのロサンゼルスにてイタリアンレストラン「ブカート」の開業に携わり、帰国後の2015年、本格手打ちパスタ工房「Base」を開業。受賞歴も多数。

イタリアのおばあちゃんの手打ち生パスタ
パスタ・グラニーズ

2021年9月25日　初版第1刷発行

著　者：ヴィッキー・ベニソン（©Vicky Bennison）
発行者：長瀬 聡
発行所：株式会社 グラフィック社
　　　　〒102-0073 東京都千代田区九段北1-14-17
　　　　Phone：03-3263-4318　Fax：03-3263-5297
　　　　http：//www.graphicsha.co.jp
　　　　振替：00130-6-114345

日本語版制作スタッフ

監修：河村耕作
翻訳：柴田里芽
組版・カバーデザイン：田村奈緒
編集：鶴留聖代
制作・進行：南條涼子（グラフィック社）
制作協力：池田美幸

978-4-7661-3512-1 C2077
Printed in China

PASTA
GRANNIES

Published in 2019 by Hardie Grant Books, an imprint of Hardie Grant Publishing.

Publishing Director: Kate Pollard
Commissioning Editor: Kajal Mistry
Junior Editor: Eila Purvis
Editor: Laura Herring
Proofreader: Eve Marleau
Designer: Clare Skeats
Cover, Chapter Openers and Booklet Design: Evi O. Studio | Evi O & Susan Le
Photographer: Emma Lee
Photography Assistant: Indi Petrucci
Food Stylist: Marina Filippelli
Food Stylist Assistants: Kitty Coles and Imogen Wok
Prop Stylist: Tabitha Hawkins
Recipe Tester: Olivia Williamson
Pasta Maker: Julia Ficara
Indexer: Cathy Heath
Colour reproduction by p2d

This Japanese edition was produced and published in Japan in 2021 by Graphic-sha Publishing Co., Ltd.
1-14-17 Kudankita, Chiyodaku,
Tokyo 102-0073, Japan

Japanese translation © 2021 Graphic-sha Publishing Co., Ltd.

Japanese edition creative staff
Editorial supervisor: Kosaku Kawamura
Translation: Rica Shibata
Text layout and cover design: Nao Tamura
Editor: Masayo Tsurudome
Publishing coordinator: Ryoko Nanjo (Graphic-sha Publishing Co., Ltd.)